Inhalt

KAPITEL 3

Medienlieblinge 134-193

Impressum

Frauen, die die Welt verändern
Die besten Geschichten von DEINE KORRESPONDENTIN

2022

ISBN: 978-3-948013-18-9
Gedruckt in Lettland / Livonia Print / Riga

Autorinnen: Sophia Boddenberg, Eva Casper, Helen Hecker, Anne Herrberg, Katrin Eigendorf, Mareike Enghusen, Katja Fischborn, Mareike Graepel, Lea Gölnitz, Anne Klesse, Carolin Küter, Christine Memminger, Julia Neumann, Marinela Potor, Carina Rother, Sarah Schaefer, Sarah Tekath, Eva Tempelmann

Redaktion: Pauline Tillmann
Textchefin: Katja Fischborn
Covergestaltung: Lamiaa Ameen
Layout und Satz: Thorsten Franke, Koch Essen Kommunikation + Design
Korrektur: Robert Pitterle, robertpitterle.de

www.deine-korrespondentin.de
Kontakt: pauline@deine-korrespondentin.de

www.correctiv.org
Kontakt: buechermacher@correctiv.org

Büro Essen: Huyssenalle 11, 45128 Essen
Büro Berlin: Singerstraße 109, 10179 Berlin

CORRECTIV – Verlag und Vertrieb für die Gesellschaft UG (haftungsbeschränkt)
Huyssenallee 11, 45128 Essen
Handelsregister Essen, HRB 26115
Geschäftsführer: David Schraven

Vorwort

Liebe Lesenden,

ich freue mich so sehr, dass Sie heute unser erstes Buch in den Händen halten. Es ist ein ganz besonderer Moment in unserer jungen Unternehmensgeschichte. Vor gut sieben Jahren – am 1. Mai 2015 – ging unser Digitalmagazin DEINE KORRESPONDENTIN an den Start. Zuvor hatten wir in einem erfolgreichen Crowdfunding 6.555 Euro eingesammelt. Es war unsere Anschubfinanzierung und ein erster Markttest. Demnach gab es ein Interesse an Geschichten über inspirierende Frauen aus der ganzen Welt. Normalerweise gibt es unsere Geschichten nur online zu lesen. Ab jetzt also auch gedruckt.

Ich selbst war 2011 bis 2015 freie Auslandskorrespondentin in St. Petersburg, Russland, und habe die ARD mit Reportagen und Radio-Features über Russland, die Ukraine und andere postsowjetische Länder beliefert. Nach St. Petersburg bin ich gegangen, weil ich dort a) die einzige deutsche Korrespondentin war und weil ich mich b) während eines Auslandssemesters im zarten Alter von 21 Jahren unsterblich in die Stadt und die Menschen verliebt habe. Außerdem habe ich davon geträumt, als Korrespondentin zu arbeiten, seitdem ich die RTL-Journalistin Antonia Rados im Fernsehen sah. Erst heute habe ich begriffen, wie wichtig Vorbilder wie Rados sind.

Blick in die Vergangenheit

Als ich damals während meiner Zeit als Korrespondentin dem Bayerischen Rundfunk oder dem SWR Geschichten über starke Frauen angeboten habe, hat man mit dem Argument abgewinkt, das interessiere keinen. Ich war gänzlich anderer Meinung – und die Zahlen gaben mir recht: Es wird viermal mehr über Männer berichtet als über Frauen. Als ich 2015 DEINE KORRESPONDENTIN gegründet habe, war es sogar fünfmal mehr. Die Entwicklung zeigt: Es tut sich was! Es wird immer mehr über Frauen berichtet. Frauen werden immer sichtbarer.

Das ist gut und wichtig – und doch sind wir noch immer nicht bei 50 Prozent, obwohl die Weltbevölkerung zur Hälfte aus Frauen besteht. Die Medienberichterstattung in Deutschland ist nach wie vor männlich dominiert, weil die Führungspositionen 2022 zum Großteil von Männern besetzt sind, weil es Männer sind, die Macht haben und an der Spitze vieler Länder stehen und auch weil zu wenige Frauen laut dagegen ankämpfen.

Es hat sich in den letzten 100 Jahren viel getan. Es gab mehrere erfolgreiche Frauenbewegungen, die Sprache ist inklusiver geworden. Die Frauen in Deutschland haben sich viele Rechte erkämpft – und in vielen Ländern der Welt tun sie das noch immer, jeden Tag aufs Neue. Auch wir sind noch immer nicht bei 100 Prozent Gleichberechtigung angekommen, das zeigen unter anderem der Gender-Pay-Gap und der Rückfall in traditionelle Rollen im Zuge der Coronapandemie.

Und doch: Die Richtung stimmt!

Wir Korrespondentinnen blicken – in konstruktiver Manier – auf die vielen Fortschritte, die erzielt worden sind. Wir sind dankbar für jeden kleinen Schritt, den wir Tag für Tag als Gesellschaft Richtung Gleichberechtigung gehen. Mit diesem Buch wollen wir unseren Beitrag dazu leisten. Wir haben in den vergangenen Jahren im Netz mehr als 400 Geschichten über inspirierende Frauen aus der ganzen Welt, auf Deutsch und Englisch, veröffentlicht. Auf den nächsten 200 Seiten finden Sie nur einen kleinen Bruchteil davon.

Und doch ist es ein vielschichtiges Panoptikum, das exemplarisch vor Augen führt, was alles möglich ist, wo es überall Chancen, Hoffnung und Fortschritt gibt. Wir zeigen mit jedem einzelnen Porträt, mit jeder Reportage das große Ganze im Kleinen und sorgen dafür, dass Sie die Länder, aus denen die Korrespondentinnen berichten, besser verstehen. Und Sie lernen Pionierinnen kennen, die – hoffentlich – Ihr Leben und das Ihrer Liebsten bereichern.

Die Welt besser verstehen

Dabei lernen Sie Frauen kennen, die kämpfen, die sich nicht unterkriegen lassen, die andere Menschen begeistern und einen Unterschied machen. Wir nennen sie inspirierende Frauen. Sie erfahren mehr über Frauen, die exemplarisch stehen für soziale Bewegungen. Und Sie lesen Geschichten, die wir als Medienlieblinge bezeichnen, weil sie von anderen Medien (vor allem Zeitungen) mehr als einmal übernommen worden sind.

Wir danken der ZDF-Reporterin Katrin Eigendorf, die kurzerhand den Essay zum Einstieg – den sogenannten Aufmacher – für dieses Buch verfasst hat. Als Nischenmedium konkurrieren wir nicht mit aktuellen Nachrichtenportalen und publizieren in erster Linie zeitlose Artikel. Trotzdem hielten wir es für falsch, DAS dominierende Thema 2022 – den Angriffskrieg gegen die Ukraine – gänzlich zu ignorieren. Wir freuen uns, dass wir einige Gedanken dieser klugen und erfahrenen Kriegsreporterin auf diese Weise mit Ihnen teilen können.

Grundsätzlich finanzieren wir uns als kleines Medien-Start-up über drei Standbeine: Mitgliedschaften auf der Plattform Steady, private Spenden und Kooperationen mit Zeitungen, die unsere Artikel abdrucken. Auch wenn wir uns auf dem deutschen Markt etabliert haben, steht die Finanzierung noch immer auf wackeligen Beinen, weil wir weder eine potente Gönnerin noch eine wohlhabende Stiftung im Rücken haben.

Alle Menschen, die bei DEINE KORRESPONDENTIN involviert sind – also Korrespondentinnen, Textchefin, Programmierer, Social-Media-Redakteurinnen – werden honoriert. Das war uns von Anfang an ein Herzensanliegen, weil wir nicht zur weiteren Prekarisierung des Berufsstands der Journalist*innen beitragen wollten. Außerdem haben gute Informationen einen Preis. Diese gibt es nicht zum Nulltarif. Und auch hier findet eine Mut machende Entwicklung statt: Immer mehr Menschen in Deutschland sind bereit, für gute Geschichten im Netz Geld zu bezahlen.

Unser Projekt trägt zur Medienvielfalt bei und bringt die Themen Gleichberechtigung von Männern und Frauen und Diversität nach vorne. Deshalb hoffen wir, dass Sie mit diesem Buch in der Hand anderen Menschen von unserem wichtigen Projekt erzählen und dazu motivieren, uns mit einem kleinen oder großen Beitrag zu unterstützen. Nur dann können wir unsere Arbeit auch in den nächsten Jahren weiterführen.

Außerdem freuen wir uns, wenn Sie Teil unserer Community werden und mit uns bei unseren Veranstaltungen oder via Zoom, E-Mail oder WhatsApp in regelmäßigen Austausch treten. Vernetzen Sie sich mit Gleichgesinnten und seien Sie – so wie unsere Protagonistinnen – Frauen und Männer, die die Welt verändern!

Pauline Tillmann
Chefredakteurin des digitalen Magazins
DEINE KORRESPONDENTIN

Ein anderer Blick auf die Welt

Korrespondentinnen an der Front

Von Katrin Eigendorf, Kyiv

An der nördlichen Stadtgrenze von Kyiv liegt der Ort Irpin, der von der russischen Armee angegriffen wird. Einwohner*innen Irpins flüchten unter dem Getöse der Kampfhandlungen und helfen einander so gut es geht.

Der Krieg in der Ukraine hat vieles verändert, auch für uns in Deutschland und in Europa. Was in Kyiv, Mariupol und Charkiw passiert, geht uns alle an, es reicht weit in unsere Leben hinein. Eine Analyse von einer Korrespondentin, die die meisten von uns seit dem Angriff auf die Ukraine täglich in den Nachrichten sehen.

„Diese Opfer könnten wir sein", hat Außenministerin Annalena Baerbock Anfang Mai 2022 bei ihrem Besuch im Kyiver Vorort Butcha gesagt. Und ich glaube, es hängt auch damit zusammen, dass die deutsche Außenpolitik zum ersten Mal von einer Frau vertreten wird, dass sich der Blick auf die Ereignisse verändert hat, dass die Opfer – vor allem die zivilen – in den Mittelpunkt gerückt sind, auch für die Politik.

Jahrhundertelang haben Männer die Außenpolitik geprägt, und es waren ebenso Männer, die darüber berichtet haben. Wir haben die Kriege – ob in Vietnam, im Libanon oder Irak – lange fast ausschließlich aus der männlichen Perspektive erlebt, und als ich mich selbst 1984 entschied, Journalistin zu werden, suchte ich vergeblich nach weiblichen Vorbildern. Der typische Auslandskorrespondent war damals männlich, weiß, über 40, mit akademischer Ausbildung. Das änderte sich erst mit dem Beginn des Jugoslawienkrieges.

CNN ernannte Christiane Amanpour zur internationalen Chefkorrespondentin: jung, weiblich, mit Migrationshintergrund. Sie stellte die lange geltende Gewissheit, dass Frauen nicht an die Frontlinie eines Krieges gehören, genauso infrage wie das Credo, dass Journalisten mit emotionaler Distanz berichten sollten. Amanpour dagegen bekannte 1993 aus der umkämpften bosnischen Hauptstadt Sarajevo: „Man muss aus Stein sein, um nicht mit diesen Menschen zu fühlen, über die man berichtet, wenn man ihre verzweifelten Leiden, Tragödien und Wunden sieht. Und darüber kann man nicht in einer kalten, objektiven Art berichten."

Der Blick auf Kriege änderte sich

Mit der wachsenden Zahl weiblicher Reporter veränderte sich auch der Blick auf Kriege und Konflikte: Die Schicksale von Frauen erhielten plötzlich

Die Journalistin Olesia Turchin ist Teil des Teams von Kyiv TV und arbeitet vor der Kamera als Reporterin und Nachrichtensprecherin. Tags zuvor wurde der Fernsehturm, mit dem ihr Kanal sendet, von russischen Raketen getroffen und zerstört.

mehr Bedeutung, und es ist kein Zufall, dass in Jugoslawien erstmals ausführlich über Vergewaltigung als Mittel der Kriegsführung berichtet wurde. Medienfachleute fordern seit Langem schon mehr Vielfalt und diverse Perspektiven, kritisieren, dass der weibliche Blick zu kurz komme. Der Fokus der Kriegsberichterstattung liegt immer noch viel mehr auf dem Schlachtfeld als auf den zivilen Opfern.

Es gibt zahlreiche Studien, die die Kritik, die Berichterstattung sei einseitig, mit Zahlen untermauern und zeigen, dass fehlende Diversität in der Auslandsberichterstattung – vor allem in Konfliktregionen – gravierende Konsequenzen hat. Krieg, das sehen wir derzeit auch in der Ukraine, ist eine menschliche Ausnahmesituation, die mit tragischen und tiefgreifenden Veränderungen einhergeht, nicht nur für die einzelnen Menschen, auch für das gesamte gesellschaftliche Gefüge eines Landes.

Dabei sehen wir in der Ukrainer derzeit vorrangig Männer als Akteure: einen mutigen und anpackenden Präsidenten Wolodymyr Selenskyj, der umgeben ist von einem Team männlicher Vertrauter. Minister, Bürgermeister, Generäle, Soldaten, die die Welt mit ihrem entschlossenen Kampf für die Freiheit und Unabhängigkeit beeindrucken. Dass 2016 bereits 8,5 Prozent der ukrainischen Soldaten Frauen waren und es inzwischen mehr als 15 Prozent sind, zeigt sich selten in der Berichterstattung, dabei wäre es durchaus spannend, die Geschichte der mehr als 38.000 Ukrainerinnen zu erzählen, die ihren Dienst in der ukrainischen Armee tun.

Ukrainerinnen erleben Rückfall

Der Krieg trifft die Ukrainerinnen auf besondere Art: Auch weil die Männer in der Armee und der Territorialverteidigung kämpfen, bleiben sie oft alleine zurück mit der Verantwortung für die Kinder und fallen damit auf Rollenbilder zurück. Und weil Russlands Krieg sich vor allem gegen die Zivilbevölkerung richtet, erleben Frauen sexuelle Gewalt. Dabei waren die Ukrainerinnen gerade erst dabei, ihre Gleichberechtigung mühsam zu erringen. Im Parlament sind unter den 420 Abgeordneten gerade einmal 86 Frauen. Auch

Diese Köchin versorgt alle, die in dieser Schule in Kyiv untergekommen sind, mit warmen Mahlzeiten aus der Schulkantine. Der Keller der Schule dient nun als Schutzkeller und Basis für lokale Selbstverteidigungseinheiten.

im Kabinett sind Männer nach wie vor in der großen Mehrheit: Von 23 Ministern sind nur fünf weiblich.

Dass Reporter*innen zu diesen Themen oft einen anderen Zugang haben, zeigt sich immer wieder. Doch immer noch hält sich in den Chefetagen vieler Medienhäuser die Überzeugung, Männer seien die besseren Kriegsberichterstatter. Meiner Einschätzung nach liegen die echten Hürden für Auslandsreporterinnen jedoch nicht in Afghanistan, in Syrien oder der Ukraine, sondern – und das mag überraschen – in Deutschland.

2014, in dem Jahr, in dem Russland mit der Einnahme der Krim seinen Krieg gegen die Ukraine begann, kritisierte der Verein Pro Quote, dass das ZDF aus dem Ausland fast ausschließlich aus Männersicht berichte. Zu diesem Zeitpunkt wurden nur zwei der insgesamt 19 Auslandsstudios von Frauen geleitet: Moskau und London. In vielen anderen deutschen Medienhäusern sieht die Lage nicht anders aus.

Auf ihrem Weg müssen die Geflüchteten aus Irpin einen Fluss überqueren, dessen Brücke gesprengt wurde. So müssen die Menschen über die Trümmer dieser Brücke klettern, um sich vorerst zu retten.

Frauen haben Vorteile

Auch in der Folge tat sich wenig, um zu gewährleisten, was die damalige Pro-Quote-Vorsitzende Annette Bruhns anmahnte: dass Frauen und Männer sich in den Medien auf Augenhöhe begegnen können. Dabei bewiesen gerade in der Ukraine im Jahr 2014 viele deutsche Journalistinnen, was Frauen leisten können. ARD, ZDF, aber auch fast alle großen Zeitungen waren während des Krieges im Osten des Landes, aber auch während der Proteste auf dem Maidan mit vielen Reporterinnen vertreten.

Dass es in heiklen Situationen von Vorteil sein kann, Frauen im Team zu haben, machte Welt-Reporterin Julia Smirnova klar, die berichtete, wie sie an einem Checkpoint in Slawjansk von prorussischen Separatisten angehalten wurde: „Mein Fahrer wurde verprügelt. Mir sagte ein Rebell: ‚Wenn du nicht eine Frau wärst, würde ich dir auch in die Fresse hauen.'"

Doch auch acht Jahre später fehlt es in der deutschen Medienlandschaft an prominenten Kriegsberichterstatterinnen. Anders als in den USA, wo Christiane Amanpour mit Clarissa Ward längst eine junge Nachfolgerin als Chefkorrespondentin hat, die in Afghanistan ebenso wie in der Ukraine die Berichterstattung prägt, nehmen in Deutschland Frauen inzwischen selbst in die Hand, was in den Chefredaktionen versäumt wurde. DEINE KORRESPONDENTIN gibt dafür das beste Beispiel.

Kapitel 1

Inspirierende Frauen

Mauerkämpfe

Aktivistin ruft Ultraorthodoxe auf den Plan

Von Mareike Enghusen, Jerusalem

Anat Hoffman (rechts) kämpft für das Recht, als Frau an der Klagemauer in Jerusalem beten zu dürfen.

Seit drei Jahrzehnten kämpft Anat Hoffman für Gleichberechtigung an der Klagemauer in Jerusalem. Dass manche sie als „Bulldogge“ beschreiben, nimmt sie als Kompliment.

Zu zweit führten sie sie ab: links eine Polizistin, die Hand auf dem Rücken der Festgenommenen – einer blonden Frau in weißer Strickjacke –, rechts ein Polizist, der sie am Ellenbogen hält. Ihr Name: Anat Hoffman. Ihr Vergehen: lautes Beten an der Jerusalemer Klagemauer bei gleichzeitigem Tragen des jüdischen Gebetsschals, wie es der ultraorthodoxe Brauch nur Männern erlaubt.

Das Video der Festnahme, abrufbar auf Youtube, stammt aus dem Jahr 2012. Anat Hoffman blieb nur eine Nacht im Gefängnis, doch die Bilder der schmalen Frau, abgeführt wie eine Kriminelle, sorgten innerhalb und außerhalb Israels für Wirbel. Als liberale Jüdin besteht Hoffman darauf, nach ihrer Façon zu beten. Damit verstößt sie gegen ein Gesetz, das Gläubigen vorschreibt, an der Klagemauer „lokale Gebräuche“ einzuhalten – in anderen Worten: ultraorthodoxe Regeln.

Denn dem ultraorthodoxen Rabbinat untersteht die Verwaltung der Klagemauer, der heiligsten Stätte des Judentums. Weil das Rabbinat zudem die alleinige Hoheit über Angelegenheiten wie Hochzeit und Scheidung innehat und streng konservative Rollenbilder vertritt, zählt es zu Hoffmans Lieblingsfeinden. Als „Bulldogge“ hat eine israelische Journalistin sie beschrieben, weil sie ihre Gegner*innen, einmal angegriffen, nie mehr loslasse. Hoffman legte bekräftigend nach: „Die Kiefer packen zu, und das war’s.“

Nicht aus der Ruhe zu bringen

Doch sie weiß ihre Fangzähne zu verbergen. Besucht man Anat Hoffman, 68, in ihrem Büro im Herzen Jerusalems, 20 Minuten Fußweg von der Klagemauer entfernt, trifft man auf eine zuvorkommende ältere Dame mit hellwachen blauen Augen, die bedacht und beinahe aufreizend gelassen spricht. Empört ein Thema sie besonders, verzieht sich allenfalls ihr feines Lächeln eine Spur ins Ironische. Nach Jahrzehnten von Konflikten mit Geistlichen und Politikern höchsten Ranges, Nächten in Gefängniszellen und Auftritten vorm Obersten Gericht lässt sie sich nicht leicht aus der Ruhe bringen.

Innerhalb und außerhalb Israels ist Hoffman am bekanntesten für ihre Rolle als Mitbegründerin und Gesicht der feministischen Organisation Women of the Wall, der Frauen der Mauer, die seit Ende der 80er-Jahre dafür kämpfen, dass Frauen an der Klagemauer auf die gleiche Weise beten dürfen wie Männer. Doch ihre Karriere als politische und soziale Aktivistin ist länger und breiter gefächert: In den 80er-Jahren engagierte sie sich als eine der Women in Black gegen Israels Politik in den Palästinenser*innengebieten; von 1988 bis 2002 saß sie im Jerusalemer Stadtparlament. Anschließend wurde sie Direktorin des Israel Religious Action Center, das das progressive Judentum in Israel repräsentiert und sich für religiösen Pluralismus einsetzt.

Im Namen von Frauen- und Minderheitsrechten hat sie zahlreiche Gerichtsprozesse angestoßen, etwa gegen Diskriminierung arabischer Putzfrauen und gegen Geschlechtertrennung in Bussen in ultraorthodoxen Vierteln. Einige vergleichen sie mit Rosa Parks, der legendären Kämpferin gegen Rassentrennung in den USA. Die israelische Tageszeitung Haaretz kürte sie 2013 zur Person des Jahres, die Jerusalem Post führte sie auf einer Liste der einflussreichsten jüdischen Personen auf Platz fünf.

Eine andere Art, jüdisch zu sein

Dabei spielte religiöses Ritual für Anat Hoffman früher keine Rolle. Sie wurde in eine säkulare Familie in Jerusalem geboren und entdeckte die liberale Spielart des Judentums erst, als sie zum Psychologiestudium nach Los Angeles zog. Im Reformjudentum, eine progressive Strömung des Glaubens, die im 19. Jahrhundert in Deutschland entstand, dürfen Frauen die gleichen Rollen einnehmen wie Männer: als Rabbinerin arbeiten, das Gebet vorsprechen, Gebetsschal und Gebetsriemen tragen.

„In den USA stellte ich fest, dass es einen Weg gibt, jüdisch zu sein, den ich aus Israel nicht kannte", sagt Hoffman, „es ist ein trauriger Kommentar zu Israels Judentum, wenn ein Israeli nach Los Angeles gehen muss, um das herauszufinden." Zurück in Israel, gründete sie gemeinsam mit Mitstreiterinnen die Women of the Wall, kurz WoW. Die Gruppe, in der sich liberale mit konservativen und orthodoxen Jüdinnen vereinen, begann, einmal im Monat Frauengebete an der Klagemauer zu organisieren – und eröffnete damit einen Kampf gegen das ultraorthodoxe Rabbinat, der bis heute schwelt.

2013 errangen die Frauen einen wichtigen Sieg: Ein israelisches Gericht entschied, dass das Gebet der Frauen, anders als zuvor geurteilt, nicht gegen das Gesetz verstoße. Das Ringen geht dennoch weiter, oft buchstäblich: Mal brechen ultraorthodoxe Männer durch die Absperrung vor der Mauer, die Frauen- und Männerbereiche trennt, um Hoffman und ihren Mitstreiterinnen deren Thorarolle zu entreißen. Mal beschimpfen und bespucken ultraorthodoxe Kinder die Aktivistinnen.

Und seit einigen Jahren gibt es die Gegenbewegung Women for the Wall, eine Vereinigung konservativer Frauen, die auf die Einhaltung der ultraorthodoxen Traditionen pochen. Hoffman verdächtigt den Rabbiner, dem die Verwaltung der Mauer untersteht, die Frauen aufzuhetzen. „Das ist seine Taktik: Eine Art von Frauen kämpft gegen die andere Art von Frauen."

Sie glaubt, dass es dem religiösen Establishment nicht um den Glauben geht, sondern um Macht. „Wenn wir Frauen die absolute Autorität des Rabbiners herausfordern, fürchtet er uns zu Recht", sagt sie. „Denn wer wird ihn als Nächstes herausfordern? Seine Mutter, seine Tochter, seine Frau?" Hin und wieder heckt sie neue kleine Provokationen aus, um die Grenzen des Tolerierbaren zu testen. Sie rechne, sagt sie, jederzeit damit, erneut verhaftet zu werden. Sie spekuliert sogar darauf: „Ich will ins Gefängnis gehen. Ich denke, wenn eine Frau verhaftet wird, weil sie in einer Gruppe von Frauen betet, dann ist das etwas, was die Welt wissen sollte."

Im Ausland bejubelt, daheim bekämpft

Kreative Provokation gehört seit jeher zu Anat Hoffmans Strategie. Etwa in ihrer Zeit als Lokalpolitikerin in Jerusalem: Nachdem der damalige Bürgermeister Ehud Olmert, der später zum Premierminister aufsteigen sollte, ihr in Debatten mehrmals das Mikrofon ausgestellt hatte, brachte Hoffman ein Megafon mit zur Sitzung. Als Olmert es verbieten ließ, begann sie, Protokolle der Stadtratssitzungen zu analysieren. Sie stellte fest: Frauen wurde sieben Mal so häufig das Wort abgeschnitten wie Männern. Das Ergebnis schickte sie an Zeitungen – und an Ehud Olmerts Ehefrau.

Das geschickte Spiel mit den Medien gehört zu ihrem Instrumentarium: Wann immer die WoW-Frauen an der Klagemauer belästigt oder gar verhaftet werden, lässt sie die Nachricht über alle denkbaren Social-Media-Kanäle in die Welt senden. Dass die Women of the Wall von einer lokalen, kaum beachteten Aktivist*innengruppe zu einem international bekannten Phänomen aufgestiegen sind, gilt in erster Linie als Hoffmans Verdienst.

Anat Hoffman (Mitte) setzt sich seit drei Jahrzehnten für mehr Gleichberechtigung ein.

Zugleich verbirgt sich darin eine Schwäche: Ihr Kampf wird im Ausland – in erster Linie in den USA – leidenschaftlicher verfolgt als daheim. Hoffman selbst gibt bereitwillig zu, dass die meisten Spender*innen und Unterstützer*innen der Women of the Wall außerhalb ihrer Heimat leben. Das Reformjudentum, in den USA die am weitesten verbreitete jüdische Strömung, spielt in Israel keine nennenswerte Rolle. Linksliberale Israelis, die ansonsten feministische Anliegen gern unterstützen, halten sich von Religion eher gänzlich fern, als sich für Frauenrechte im Ritual einzusetzen.

Und auch politisch steht Hoffman außerhalb des Mainstreams. Ihr Vorwurf an den früheren Premierminister Benjamin Netanjahu, er führe das Land auf einem gefährlichen Pfad hinab in die Niederungen des Faschismus, gilt selbst in der israelischen Linken als Randposition. Gleichzeitig nimmt der Gegenwind zu – nicht zuletzt aus demografischen Gründen: Der Anteil der ultraorthodoxen Minderheit an der Bevölkerung, derzeit zwölf Prozent, steigt wegen der hohen Geburtenrate der Strenggläubigen rasch. Weiterkämpfen will Hoffmann dennoch. „Ich kann nicht anders", sagt sie, „es würde mich mehr Energie kosten, nichts zu tun."

Der Kampf geht weiter

So hat sie an einer ganz anderen Front zuletzt einen Durchbruch erzielt: in ihrer Familie. Anat Hoffman hat drei Kinder von ihrem Ex-Mann – zwei Söhne und eine Tochter –, zudem einen neuen Lebenspartner. In einem Interview 2013 mit der Zeitung Haaretz sagte sie, kein einziger ihrer Verwandten unterstütze sie in ihrem Kampf an der Mauer. Zugleich gestand sie Schuldgefühle ein, weil ihr Engagement stets Vorrang habe gegenüber ihren Kindern. Doch mit den Jahren haben beide Seiten näher zueinander gefunden.

„Ich denke, sie sind es müde, mit mir zu streiten", sagt Hoffman mit ironischem Lächeln. Ihre Tochter, eine Filmemacherin, drehte 2014 eine Dokumentation über die Women of the Wall und lernte während der Dreharbeiten den Kampf ihrer Mutter besser zu verstehen, wie sie in einem Interview erzählte. Hoffmans 27-jähriger Sohn begleitet seine Mutter nun hin und wieder zum Gebet.

2016 sah es so aus, als zahle sich der jahrzehntelange Kampf der Mauerfrauen endlich auch politisch aus: Die Regierung unter Netanjahu erklärte sich bereit, einen neuen Gebetsplatz an der Klagemauer zu eröffnen, der nicht dem Rabbinat und seinen Regeln unterstehe. Doch unter dem Druck seiner ultraorthodoxen Koalitionspartner ruderte der Premier im Folgejahr zurück, seitdem liegt der Plan auf Eis. Auch sein Nachfolger Naftali Bennett vermeidet das sensible Thema.

„Wir haben noch nicht erreicht, was wir wollten", gibt Hoffman zu. „Aber die Tatsache, dass diese Gruppe überhaupt existiert, mit Frauen aus allen Strömungen des Judentums, ist eine großartige Errungenschaft!" Und vor Kurzem konnten sie und ihre Mitstreiterinnen eine weitere Sympathisantengruppe gewinnen: Zu den Gebeten der WoW-Frauen erschienen immer mehr Männer, um als Zuschauer ihre Unterstützung auszudrücken. „Das ist etwas Neues", freut sich Hoffman, „und es ist großartig."

Kleinbäuerin gegen Großkonzern

Megabergbau in Nordperu

Von Eva Tempelmann, Lima

Die indigene Kleinbäuerin Máxima Acuna de Chaupe setzt sich gegen den US-Konzern Newmont zur Wehr.

Máxima Acuña de Chaupe aus Cajamarca in Peru kämpft seit Jahren gegen die Goldmine Yanacocha, weil deren Besitzer das Land kaufen will, auf dem die indigene Kleinbäuerin lebt. Trotz aller Drohungen des Bergbauunternehmens hält sie bis heute Stellung auf ihrem Stück Land. Für ihren Widerstand wurde ihr der Goldman-Umweltpreis verliehen.

Hoch oben auf 4.000 Meter Höhe in den peruanischen Anden, fünf Stunden von der Stadt Cajamarca entfernt, steht ein kleines Haus geduckt in der baumlosen Hochebene. Hier wohnt die indigene Kleinbäuerin Máxima Acuña de Chaupe mit ihrer Familie. In der Nähe befinden sich mehrere Lagunen – wichtige Wasserquellen für die Region. Alpakas grasen in der Nähe des Hauses. Bis auf den Wind ist kein Laut zu hören. Ein Idyll, könnte man meinen.

Aber in dieser wilden Landschaft soll eine neue, gewaltige Gold- und Kupfermine eröffnet werden. Conga ist die Erweiterung der bereits bestehenden Mine Yanacocha in Cajamarca, der größten Goldmine Südamerikas und einer der größten und profitabelsten weltweit. Sie gehört zum Großteil der US-amerikanischen Firma Newmont; die peruanische Buenaventura und die Weltbank sind ebenfalls beteiligt. Rund 250 Quadratkilometer weit erstreckt sich die offene Mine über eine ehemals grüne Landschaft. Der Boden ist aufgerissen, große Maschinen graben täglich auf der Suche nach dem begehrten Edelmetall bis zu 500.000 Tonnen Gestein um.

Symbolfigur des Widerstands

Schnell flammte in der lokalen Bevölkerung Widerstand gegen das Conga-Projekt auf: Die Bergbauarbeiten würden zahlreiche wichtige Wasserquellen vernichten, die für die Menschen in der Region – die vor allem von Land- und Viehwirtschaft leben – unverzichtbar seien. Als weder Newmont noch die Regierung auf die Kritik der Anwohner einging, riefen die Betroffenen in Cajamarca zu einem Generalstreik auf.

Der damalige Präsident Ollanta Humala verhängte daraufhin den Ausnahmezustand in der Region und ließ die Demonstrationen gewaltsam unterdrücken. Fünf Menschen starben, Dutzende wurden verletzt und verhaftet.

Das war 2012. Seitdem hat sich der Kurs der Regierung, der auf Bergbau als Motor für wirtschaftliche Entwicklung setzt, nicht geändert.

„Mit dem Bergbau vor der Tür werden wir keine Zukunft haben", sagt Máxima Acuña de Chaupe über den Konflikt. Die zierliche Frau mit den langen, geflochtenen Zöpfen, wie sie die einheimischen Frauen im Andenhochland tragen, ist in den letzten Jahren zur Symbolfigur des Widerstands gegen den Megabergbau in Peru geworden. Seit 2011 kämpft Acuña gegen die Bergbaufirma Newmont, die die vier Hektar Land kaufen will, auf denen die 48-Jährige mit ihrer Familie lebt. Ihr Land liegt mitten in dem Gebiet, in dem Gold abgebaut werden soll. Ein Kampf wie David gegen Goliath. Und ein Rechtsstreit, der sinnbildlich für den Schulterschluss von Regierung und Unternehmen steht – und für die fehlenden Rechte der Zivilbevölkerung.

Bergbau statt Entwicklung

Die Goldmine Yanacocha war immer umstritten. Für die einen, die peruanische Regierung und die Teilhabenden der Mine, bedeutet sie ein Milliardengeschäft. Aber der Großteil der Peruaner*innen schaut mit Entsetzen auf die nicht wiedergutzumachende Zerstörung ihrer Region und ihrer Lebensgrundlagen. Die größten Konflikte entzünden sich um das kostbarste aller Güter: Wasser. Das Problem mit den Goldminen ist, dass beim Förderprozess Unmengen an Wasser benötigt und verschmutzt werden.

Das Brauchwasser wird anschließend verunreinigt mit Schwermetallen und Chemikalien – darunter Blei, Quecksilber und Arsen – wieder in die Flüsse abgeleitet. Die Altlasten, die nach Ende der Bergbauaktivitäten zurückbleiben, sind tickende Zeitbomben. In Peru gibt es Tausende davon. Weder die Bergbauunternehmen noch die Regierung fühlen sich verantwortlich, sich um diese hochgiftigen Rückstände zu kümmern. Schlimmer noch: Die Umwelt- und Sozialstandards für den Abbau sind in den vergangenen Jahren immer wieder gesenkt worden.

„Die Annahme, dass Bergbau ein Motor der lokalen Wirtschaft sei, hat sich in Cajamarca als falsch herausgestellt", sagt Gloria Alvitres von Red Muqui, einem Netzwerk von Umwelt- und Menschenrechtsorganisationen mit Sitz in Lima. Es unterstützt und berät ländliche Gemeinden, die vom Bergbau betroffen sind, und arbeitet mit verbündeten Abgeordneten an politischen Alternativen. „Fakt ist: Nach 20 Jahren Bergbau gehört die Region Cajamarca noch immer zu den ärmsten des Landes", sagt auch Mirtha Vásquez von der Nichtregierungsorganisation Grufides, einer Mitgliedsorganisation von Red Muqui. Sie ergänzt: „Viele Menschen haben auf Arbeitsplätze gehofft und stattdessen ihre Lebensgrundlagen verloren."

Übergriffe durch Bergbauunternehmen

Mirtha Vásquez ist Anwältin und berät die Kleinbäuerin Máxima Acuña de Chaupe seit Beginn der juristischen Auseinandersetzung mit dem US-Konzern Newmont. Es ist eine kräftezehrende Aufgabe, und ein Ende des Rechtsstreits ist nicht in Sicht. Der Streit dreht sich um ein paar Hektar Land, unter denen das begehrte Gold liegt, das der Konzern abbauen will. 5.400 Hektar rund um das Dorf Sorochuco hatte das Unternehmen für das geplante Conga-Projekt von 2010 an bereits aufgekauft. Acuña aber lehnte das Angebot von Newmont ab. Der Grund: Sie lebt – so wie 60 Prozent der Bevölkerung in dieser Gegend – von der Landwirtschaft.

Kartoffeln, Yucca, Weizen und Hafer wachsen auf dem fruchtbaren Boden. Das restliche Land nutzt sie als Weide für ihr Vieh. „Ich bin in Sorochuco geboren und aufgewachsen", sagt sie, „ich habe mein Land in der Hoffnung gekauft, mein ganzes Leben dort zu verbringen." Also blieb sie. Newmont ließ sich das nicht gefallen. Bald tauchte Minenpersonal auf, unterstützt von Polizei in Uniform. Es gab Morddrohungen, Prügel, ihr Vieh verschwand oder wurde getötet. Der Angriff auf die Landwirtschaft der Bäuerin wurde nicht geahndet. Im Gegenteil: Obwohl Acuña eine Besitzurkunde über ihr Land in den Händen hält, verklagte sie der Konzern wegen Landfriedensbruchs.

Als die Übergriffe des Unternehmens zunahmen, in ihr Haus eingebrochen und ihre Familie zusammengeschlagen wurde, ging Máxima Acuña de Chaupe vor Gericht. Drei Jahre später gab das Oberste Gericht in Cajamarca Newmont recht. Acuña de Chaupe und ihre Familie wurden zu zwei Jahren und acht Monaten Bewährungsstrafe und zur Zahlung eines Bußgelds von umgerechnet 1.500 Euro an den Minenkonzern verurteilt. Keine Seltenheit in einem Land, in dem selbst die Justiz von Korruption durchdrungen ist.

„Gold kann man nicht trinken"

Das Urteil löste in der peruanischen und lateinamerikanischen Öffentlichkeit große Betroffenheit aus. In den Sozialen Netzwerken häuften sich Solidaritätsbekundungen, es gab Demonstrationen in Lima und offene Briefe an die Regierung. „Agua sí, oro no!", übersetzt: „Wasser ja, Gold nein!", riefen die Menschen auf den Straßen sowie: „Gold kann man nicht trinken!" Der

Blaue Lagune bei Sorochuco in Cajamarca.

Wandbild „Agua si, oro no!“.

Streit zwischen der Kleinbäuerin und dem Großkonzern steht sinnbildlich für die große Frage, ob das Recht auf sauberes und ausreichendes Trinkwasser in Peru wirklich gewährleistet ist. „Wasser bedeutet Leben“, sagt Máxima Acuña de Chaupe, „das können wir nicht einfach an ein Unternehmen verkaufen.“

Durch den großen öffentlichen Druck wurde das Conga-Projekt schließlich auf unbestimmte Zeit ausgesetzt und Acuña in zweiter Instanz von allen Vorwürfen freigesprochen. Aber die Drangsalierungen durch das Unternehmen hörten nicht auf. Das eine Mal zerstörten Sicherheitskräfte Anbauten auf dem Grundstück der Familie, ein anderes Mal wurden Sicherheitskameras in Sichtweite des Hauses installiert.

Lebensthema Gerechtigkeit

Auf den ersten Blick scheint es, als ob sich Acuña davon nicht einschüchtern ließe. Doch der jahrelange Rechtsstreit zehrt an ihren Kräften. „Máxima steht oft am Rand der Erschöpfung“, sagt Anwältin Vásquez über ihre Klientin. „Die ständige Bewachung, die Übergriffe – ich frage mich oft, woher sie diese Kraft nimmt, das auszuhalten.“

Für ihren Widerstand und ihr Engagement bekam sie im April 2016 in San Francisco den Goldman-Umweltpreis verliehen, der als international wichtigste Auszeichnung für Umweltaktivist*innen gilt. Eine Genugtuung sicherlich. Bei der Preisverleihung in San Francisco verzichtete Acuña auf eine Dankesrede. „Ich bin eine Frau aus den Bergen“, sang sie stattdessen in ihrer Muttersprache Quechua. „Ich verteidige die Seen und das Land, ich habe keine Angst.“

Aber die öffentliche Auszeichnung hat die Kleinbäuerin noch stärker in den Fokus ihrer Gegner gerückt. Wenige Monate nach der Preisvergabe wurde Acuña erneut von Mitarbeitenden des Unternehmens angegriffen. „Anfangs hatten wir ernsthafte Sorge, dass ihr das gleiche Schicksal widerfährt wie Berta Cáceres“, sagt Vásquez. Cáceres war der Goldman-Umweltpreis im Vorjahr verliehen worden, weil sie sich jahrelang für indigene Rechte in Honduras eingesetzt und gegen Regierung und Oligarchen in ihrer Heimat protestiert hatte. Im März 2016 wurde sie ermordet.

Kein Raum für Kritik

Auch in Peru ist die Macht der Akteur*innen ungleich verteilt. Die Gesellschaft für bedrohte Völker zeigt in einer Studie auf, dass zwischen Minenbetreibern und der peruanischen Polizei problematische Kooperationsverträge bestehen. Auf Basis dieser Verträge leisten Letztere gegen Bezahlung sogenannte „außerordentliche zusätzliche Dienstleistungen“ für Rohstofffirmen. Staatliche und wirtschaftliche Interessen verbünden sich damit gegen die Interessen der lokalen Bevölkerung.

So ist es wenig verwunderlich, dass die Regierung gegen Widerstand aus der Zivilbevölkerung immer wieder hart vorgeht. In den Medien werden Bergbaukritiker*innen beispielsweise als Terrorist*innen und Entwicklungsgegner*innen diffamiert. Zu groß ist die Medienkonzentration, als dass alternative Meinungen durchdringen, und zu groß ist die Überzeugung, dass Bergbau der Schlüssel für den Fortschritt sei. Bei gewaltsamen Auseinandersetzungen zwischen Bewohner*innen und Minenbetreibern sind von 2006 bis 2016 laut der staatlichen Ombudsstelle für Menschenrechte knapp 100 Personen ums Leben gekommen.

Proteste gegen das Conga-Projekt.

Ungeachtet aller Kritik von Umwelt- und Menschenrechtsorganisationen setzt die Regierung nach wie vor auf den Megabergbau als Motor für wirtschaftliche Entwicklung. Frühere Präsidenten betonten immer wieder: Peru ist ein Bergbauland. Einen Wandel könnte der im Juli 2021 vereidigte Präsident Pedro Castillo anstoßen. Der frühere Landschullehrer kommt aus einer indigenen Bauernfamilie in Cajamarca und spricht sich für mehr Gerechtigkeit im Land aus. Ob und wie er dies umsetzen wird, ist noch offen.

Wenn eine Frau ein Orchester dirigiert

Claire Gibault über Diskriminierung im Klassikbetrieb

Von Carolin Küter, Paris

Paris Mozart Orchestra mit Claire Gibault (Mitte) über den Dächern von Paris.

Dirigentinnen sind vor allem an der Spitze berühmter Ensembles rar. Claire Gibault war die erste Frau, die an der Mailänder Scala dirigierte. Aber trotz internationaler Bekanntheit hat die Französin es nicht geschafft, in ihrer Heimat Chefdirigentin eines staatlichen Orchesters zu werden – umso stärker sind ihre Leidenschaft und ihr Kampf für mehr Gleichberechtigung.

Claire Gibault war 13 Jahre alt, als ihr klar wurde, was sie im Leben machen wollte: ihre Gefühle, ihre Wünsche, ihre Überzeugungen mit anderen teilen und zusammen etwas Bewegendes schaffen. Ihr Medium dazu ist die Musik. Ihr Platz hinter dem Podium. Ein Ort, zu dem sie als Jugendliche in der Orchesterklasse des Konservatoriums im nordwestfranzösischen Le Mans problemlos Zugang bekam.

Immer dann, wenn der Direktor des Instituts wegen organisatorischer Aufgaben nicht dirigieren konnte, durfte seine ehrgeizige Schülerin seinen Platz einnehmen. Gibault fühlte sich sofort in ihrem Element. „Das war von Anfang an belebend, es war erhebend", schwärmt sie. Den Platz streitig machte ihr damals niemand, so die 76-jährige Französin, die heute eine der wenigen international bekannten Dirigentinnen ist. „Wirklich schwer haben es Frauen erst, wenn sie auf Posten mit viel Ruhm und Geld aus sind."

Das gilt in der klassischen Musik wie in kaum einer anderen Branche. In Frankreich werden 13 von 14 nationalen Orchestern von Männern geleitet. Die israelisch-brasilianische Dirigentin Deborah Waldman ist seit 2020 Generalmusikdirektorin – so der Titel der permanenten Chefdirigentin eines Orchesters – in Avignon. Sie wurde damit die erste Frau an der Spitze eines nationalen Orchesters im Land und ist bisher die einzige geblieben.

Neben Gibault gibt es weitere Dirigentinnen, die aus Frankreich stammen und sich einen Namen gemacht haben: Nathalie Stutzmann, Laurence Equilbey, Emmanuelle Haïm. Sie alle haben es in ihrer Heimat jedoch nie an die Spitze eines großen staatlichen Ensembles geschafft, sondern dirigieren Orchester, die sie selbst gegründet haben.

Im deutschsprachigen Raum stehen mehrere Frauen an der Spitze eines Orchesters: So war die Französin Ariane Matiakh Generalmusikdirektorin in Halle. Ab der Spielzeit 2022/23 wechselt sie als Chefdirigentin zur Württembergischen Philharmonie Reutlingen. Die Neue Lausitzer Philharmonie wird seit 2018 von der Polin Ewa Strusińska geleitet. Die Britin Julia Jones war bis 2021 Generalmusikdirektorin der Wuppertaler Bühnen und die Australierin Simone Young zehn Jahre lang Chefdirigentin der Hamburger Philharmoniker. In Österreich sticht unter anderem Elisabeth Fuchs als Chefdirigentin der Philharmonie Salzburg hervor. Aber diese Frauen bleiben Ausnahmeerscheinungen. „Es gibt also wirklich noch viel zu tun“, sagt Gibault.

Sie hat bereits einiges getan: Gibault gründete mit dem Paris Mozart Orchestra ihr eigenes Orchester, das sie ihren Angaben zufolge paritätisch besetzt. Zudem ist sie Mitbegründerin des Wettbewerbs La Maestra, bei dem ausschließlich Dirigentinnen antreten, mit dem Ziel, diese bekannter zu machen. Außerdem gibt sie Meister*innenklassen, mit denen sie besonders Frauen fördern will. Dabei wirkt sie im Gespräch nicht wie eine Kämpferin – eher wie eine Künstlerin, die gelernt hat, sich durchzusetzen, weil sie an ihr Talent glaubt und ihre Leidenschaft ausleben will.

Ihre Statur ist groß und schlank, ihre Gesten sind grazil und ausschweifend. Ihre Stimme klingt sanft und träumerisch, wenn sie über Musik spricht. Sie zögert oft, bevor sie auf eine Frage antwortet. In ihrer 2010 erschienenen Autobiografie „La Musique à mains nues“, zu Deutsch: „Musik mit bloßen Händen“, beschreibt sie sich als schüchternes Kind, das sich „in der Stille einschloss“. Statt Worten habe sie die Musik als Sprache gewählt, mit der sie früh Erfolgserlebnisse gehabt habe. Ihr Vater, Lehrer für Musikerziehung, habe ihr das Gefühl gegeben, seine beste Schülerin zu sein, schreibt sie. „Auf dieses Vertrauen habe ich mein ganzes Leben aufgebaut.“

Vorbild zu sein war eine Belastung

Gute Voraussetzungen für eine Karriere, die mit mehr Aufmerksamkeit begann, als Gibault lieb war. 1969 beendete die damals 25-Jährige ihr Studium am Konservatorium in Paris mit der Auszeichnung als Klassenbeste. Für die Zeitung France Soir eine Sensation, in etwa gleichbedeutend mit der Mondlandung. Das Blatt setzte die junge Dirigentin neben Neil Armstrong auf ihre Titelseite. „Ein Mann hat den Mond betreten“, stand über dem Foto des Astronauten. „Eine Frau hat ein Orchester dirigiert“, neben einem Bild von Gibault.

„Ich fand das lächerlich", so die Dirigentin, „was soll das heißen? Ein großer Schritt für eine Frau, ein kleiner Schritt für die Menschheit?" Damals sei ihr bewusst geworden, dass sie nicht einfach nur ihren Beruf ausüben könne, sondern besonders beurteilt werde. So habe sie den Eindruck gehabt, dass einige Journalistinnen ihre offenen Rechnungen durch sie hätten begleichen wollen und ihr aggressive Äußerungen gegenüber Männern in den Mund gelegt hätten. Viele Fotos hätten sie in möglichst herrischen, maskulinen Posen gezeigt.

Gibault hebt ihre Stimme, wenn sie davon erzählt, und erklärt dann wieder in einem sanften, melodischen Auf und Ab, dass sie mit ihrer Arbeit mit dem Orchester eigentlich das genaue Gegenteil erreichen wollte: „Ich wollte überzeugen, Gemeinsamkeit schaffen, teilen." Hoffnungsträgerin zu sein sei eine Belastung für sie gewesen. „Man fragt sich: Werde ich es schaffen? Werden sie mich lassen?"

Ihre erste feste Stelle trat Gibault in den 70er-Jahren als Assistentin des Dirigenten Theodor Guschlbauer an der Oper im französischen Lyon an. In ihrem Buch beschreibt sie, wie sie den Österreicher als Studienabgängerin bei einem Treffen einfach gefragt habe, ob sie seine Assistentin sein könne. Später wechselte sie für einige Jahre in die nahe gelegene Alpenstadt Chambéry, um dort das Kammerorchester zu leiten. In den 80ern kehrte sie nach Lyon zurück, dieses Mal als Assistentin des englischen Dirigenten John Eliot Gardiner. Zwischendurch dirigierte sie als Assistentin von Claudio Abbado in Mailand und folgte dem italienischen Maestro auch nach Wien.

Auch die erste Begegnung mit dem mittlerweile verstorbenen ehemaligen Generalmusikdirektor der Mailänder Scala und der Berliner Philharmoniker, die Gibault in ihrem Buch als „eine der wichtigsten Ereignisse in meinem Leben" beschreibt, geschah nicht zufällig. Sie bat einen italienischen Dirigenten, der an der Oper in Lyon ein Gastspiel hatte, sie mit Abbado bekannt zu machen. Vor dem Treffen schickte sie Abbado eine Aufnahme, auf der zu hören war, wie sie „Pelléas et Mélisande" von Claude Debussy dirigierte – eine Oper, die dieser bald in Mailand aufführen wollte. Die Konsequenz: Er machte die 38-Jährige zu seiner Assistentin.

Wiener Oper wehrte sich gegen eine Frau als Dirigentin

Claire Gibaults Leidenschaft und Zielstrebigkeit haben sie weit gebracht: Sie war in den 90ern die erste Frau, die das Orchester an der Scala dirigierte.

Die französische Dirigentin Claire Gibault kämpft für mehr Gerechtigkeit in der klassischen Musik.

Von 2000 bis 2002 leitete sie das Orchester der Kulturstiftung Fondazione Musica in Rom. Sie dirigierte am Royal Opera House in London, an der Philharmonie in Kopenhagen und trat zusammen mit Startenor Plácido Domingo 2002 in der Washingtoner Oper auf. In ihrer Karriere hat es immer wieder Männer gegeben, die sie förderten, auch gegen Widerstände: so zum Beispiel der Franzose Jean-Pierre Brossmann, 2005 Direktor am Pariser Theater Châtelet.

Die Musikerin schreibt in ihrem Buch, dass der Manager des Orchesters, das dort auftreten sollte, vorgeschlagen habe, statt sie einen jungen Kollegen dirigieren zu lassen. Brossmann weigerte sich, am Ende wurde das Orchester ausgetauscht und Gibault konnte auftreten. Die Dirigentin schwärmt zudem von ihrem Mentor und Freund Abbado, der ihr viel ermöglicht habe. Doch gegen einige Ressentiments setzte auch er sich nicht durch: Anfang der 90er war Abbado Generalmusikdirektor in Wien und wollte seine Assistentin Gibault das Orchester der Staatsoper dirigieren lassen. Doch die ausschließlich männlichen Musiker weigerten sich, sich auch nur bei einer Probe von einer Frau leiten zu lassen.

Ob sie solch eine Behandlung nicht wütend mache? „Das ist Teil des Kampfes, den ich in meinem Leben führe“, sagt Gibault. Gewöhnen musste sie sich an große und kleine Diskriminierungen früh: Im Studium am Pariser Konservatorium hielten es ihre männlichen Kommilitonen für unangebracht, dass sie Wagner dirigierte, erinnert sie sich. „Dass eine Frau ein paar wohltemperierte Klassiker dirigierte, das war ja vielleicht noch in Ordnung, aber nicht, dass sie ihre Sinnlichkeit über romantische Musik ausdrückt.“

Heute würde man sich im Allgemeinen nicht mehr trauen, solch offensichtlich sexistische Kommentare zu machen. Doch trotzdem gebe es immer wieder kleine Spitzen. Kürzlich habe sie ein Direktor einer Pariser Kulturinstitution gefragt, ob sie nicht bald in Rente gehen wolle, erzählt die 76-Jährige. Über einen 80-jährigen Mann, der ein Orchester dirigiere, wundere sich hingegen niemand. „Da habe ich einfach nur gedacht, armer Idiot. So etwas bestärkt mich darin, dass man sich nichts gefallen lassen darf.“

Frauen sollten eigene Orchester gründen

Anfang der Nullerjahre hatte sie dann doch zumindest für kurze Zeit genug: Sie wollte aus Italien wieder nach Frankreich zurückkehren und bewarb sich unter anderem bei staatlichen Ensembles wie dem Orchester der Bretagne oder dem Symphonieorchester in Toulouse – erfolglos. „Ich bin

Claire Gibault spricht immer wieder vor jungen Musiker*innen über ihre Erfahrungen im Klassikbetrieb.

nicht mal in die engere Wahl gekommen", erbost sich Gibault noch heute. „Man hat mir nur über die Sekretärin mitgeteilt, dass ich nicht berücksichtigt wurde." Stattdessen seien junge Männer genommen worden, die nicht einmal annähernd so viel Erfahrung gehabt hätten wie sie. „Da bin ich eingeknickt, ich hatte diese gläserne Decke satt."

Gibault beschloss, nicht weiter zu versuchen, Generalmusikdirektorin zu werden. 2004 nahm sie stattdessen den Vorschlag der Mitte-Rechts-Partei UDF an, über deren Liste ins Europaparlament einzuziehen: „Ich habe mir gesagt, ich werde für die anderen kämpfen." Als Mitglied des Kultur- und des Gleichstellungsausschusses arbeitete sie federführend an einem Bericht über die Diskriminierung von Frauen in der darstellenden Kunst. Das Ergebnis: Frauen sind im Kulturbetrieb in Leitungspositionen unterrepräsentiert. Gibault zog daraus persönlich die Erkenntnis: „Wenn Frauen in Europa die Leitung von Kulturinstitutionen haben wollen, müssen sie sie selbst gründen."

Hoffnung auf Wandel

Mit dieser Einsicht kehrte die 63-Jährige nach fünf Jahren wieder vollständig zum Dirigieren zurück. 2010 gründete sie das Paris Mozart Orchestra. Das Ensemble aus etwa 40 Musiker*innen tritt nicht nur in etablierten Konzertsälen, sondern auch in Gefängnissen und Schulen in Pariser Vorstädten auf. Frust darüber, es nie auf einen ruhmreichen Posten als Generalmusikdirektorin geschafft zu haben, bemerkt man bei ihr nicht mehr, wenn sie von der Arbeit mit ihrem Orchester erzählt. „Nur weil man in einem großen Saal auftritt, ist man noch kein großer Künstler", erklärt Gibault, „es ist auch eine Art von Stolz, darauf nicht angewiesen zu sein."

Ihr Ensemble sieht sie als „revolutionäre Brutstätte", das zusammen mit anderen als Vorbild für etablierte Orchester dienen könne. Denn junge Dirigentinnen sollten nicht auf einen institutionellen Wandel warten. Gibaults Rat: „Gründe dein eigenes Ensemble. Wenn du kein Geld dafür hast, mach es zusammen mit Freunden. Aber warte nicht darauf, dass man auf dich zukommt."

„Indigene Frauen erleben viele Formen von Gewalt“

Von Feminismus, Identität und Poesie

Von Sophia Boddenberg, Santiago de Chile

Eliana Pulquillanca hat als Haushaltshilfe angefangen – heute schreibt sie Gedichte.

Daniela Catrileo ist Mapuche, Poetin, Philosophin und Feministin. Die Befreiung der Frauen hängt für sie nicht nur mit dem Ende des Patriarchats, sondern auch mit der Befreiung ihres Volkes zusammen.

„Ich bin im Exil, Analphabetin, irre umher, Borderline. Ich will Gold sein, Indianerin, dunkelhäutig, eine Indianerin, die euch meine Geschichte vergessen lässt ...“, sagt Daniela Catrileo mit lauter und fester Stimme in einem vollbesetzten Saal. Sie trägt bei einer Performance, zusammen mit anderen Künstler*innen, eines ihrer Gedichte im Museum der Schönen Künste in Santiago de Chile vor. Daniela Catrileo ist 31 Jahre alt. In dem Gedicht, das sie heute präsentiert, geht es um die Suche nach ihrer Identität.

Sie gehört zum indigenen Volk der Mapuche, wurde aber in Chiles Hauptstadt Santiago geboren, weil ihr Vater als Kind mit ihren Großeltern in die Stadt zog, um der Armut auf dem Land zu entfliehen. Schätzungen zufolge machen die Mapuche etwa zehn Prozent der chilenischen Gesamtbevölkerung aus, sie sind das größte indigene Volk des Landes. Viele wohnen in traditionellen Gemeinden im Süden Chiles im sogenannten Wallmapu – so heißt das Territorium in ihrer Sprache Mapudungun.

Doch dessen Größe wurde im Laufe der Geschichte von ursprünglich zehn Millionen Hektar auf 500.000 Hektar reduziert. Der Grund: Der chilenische Staat versuchte, die Bräuche, die Sozialstruktur und Rechtsformen aufzulösen. Das Militär vertrieb gewaltsam viele Gemeinden von ihren Ländereien. Naturwälder wichen Forstplantagen. Mehr als die Hälfte der Mapuche lebt heute in der Hauptstadt Santiago, viele kulturell entwurzelt.

Catrileos Vater ist Mapuche, ihre Mutter Chilenin. In ihrer Kindheit fuhr sie in den Sommerferien mit ihren Eltern immer nach Wallmapu. Mapudungun hat die Familie ihr nicht beigebracht. Zu groß waren die Scham und die Angst vor Diskriminierung. „Für uns, die hier in der Stadt geboren wurden, gab es einen Bruch. Wir haben nicht die traditionelle Weltanschauung erlernt. Das holen wir als Erwachsene nach“, sagt sie. So lernt Catrileo jetzt die Sprache der Mapuche und lässt dies in ihre Gedichte einfließen.

Sie hat lange, dunkle Haare, trägt große Ohrringe, roten Lippenstift, ein schwarzes, lockeres Kleid und Sneakers. In der traditionellen Kleidung ihres Volkes würde sie sich verkleidet fühlen, sagt sie. Ihr Nachname Catrileo bedeutet getrennter oder verletzter Fluss. Sie hat ihn sich auf ihre Unterarme tätowieren lassen. Ihre Suche nach ihrer Identität führte sie auch zum Schreiben und zur Poesie. Und so heißt auch ihr erstes Buch, das 2013 erschien: „Río Herido".

Poesie als Widerstand

Poesie ist für Catrileo eine Form von politischem Widerstand. „Für mich ist die Poesie antikapitalistisch. Es gibt nur wenige Menschen, die Gedichte schreiben, um Geld zu verdienen. Ich finde es schön, gegen den Strom zu schwimmen. Auch wenn es nicht das Interesse der Massen erweckt - mich erfüllt es." Während es mit Elicura Chihuailaf und Leonel Lienlaf durchaus bekannte Dichter aus dem Volk der Mapuche gibt, die über ihre Kultur und die Beziehung zur Natur schreiben, schämten sich die Mapuche in der Stadt lange Zeit für das, was sie sind.

Erst seit einigen Jahren gibt es eine neue poetische Strömung. Eine der ersten Dichterinnen dieser Art in Santiago ist Eliana Pulquillanca, die Daniela Catrileo als Vorbild bezeichnet. Die 55-Jährige wurde im Süden Chiles in einer traditionellen indigenen Gemeinde geboren. Mit nur 16 Jahren verließ sie ihre Heimat, um in der Stadt Geld zu verdienen.

Sie war eine von vielen jungen indigenen Frauen, die in die Hauptstadt Santiago zogen und dort als Haushaltshilfen in teilweise sklavenähnlichen Verhältnissen in den Häusern reicher Familien arbeiteten. Pulquillanca schrieb ihre Gedanken und Gefühle stets in einen kleinen Block. Eine Verwandte ihres Hausherrn tippte ihre Gedichte eines Tages an einem Computer ab und ermutigte sie, diese binden zu lassen.

Nachdem sie zehn Jahre bei der Familie als Angestellte gearbeitet hatte, konnte sie sich ein kleines Haus im Stadtviertel La Pintana in der Peripherie von Santiago leisten. Sie wollte ihr Leben selbst in die Hand nehmen. Tagsüber arbeitete sie weiter als Haushaltshilfe, abends kümmerte sie sich um ihre Tochter. Es war eine harte Zeit, sagt sie rückblickend. Trotzdem gewann sie 2003 einen Schreibwettbewerb in einem Kulturzentrum, ein Jahr später veröffentlichte sie ihr erstes Buch „Wurzeln des Magnolienbaums". 2009 folgte das zweite mit dem Titel „Blau Grau".

Der Stolz, Mapuche zu sein

Eines ihrer Gedichte über ihren Abschied von der Heimat beginnt so: „Die Winterstiefel, eine Wolltasche, von der Station Mariquina brach sie eines Nachmittags auf. Im Morgengrauen, Wagon 1981, erschien die große Stadt. Weit weg waren die Länder ihres Geburtsorts, der liebevolle Fluss, die Vulkane mit weißen Hüten, wo die Geister nisten, die Seen mit sanften Gewässern, dort im grünen Süden."

Pulquillanca wurde bekannt, weil sie eine der Ersten war, die in der Literatur das Leben der Mapuche in der Stadt verarbeiteten. Die Gefühle von Vertreibung, Heimweh, Gewalt, Entwurzelung. Sie erinnert sich noch genau an den Tag, an dem sie Daniela Catrileo kennenlernte: „Sie war damals noch Studentin und kam zu einer meiner Lesungen. Sie hat mich angesprochen und gesagt: ‚Wie schön sind deine Gedichte! Ich bin auch Mapuche, aber bei mir zu Hause spricht niemand darüber.'"

Daniela Catrileo ist Vorbild für viele Feministinnen in Chile.

Danach ging Catrileo immer öfter zu kulturellen Veranstaltungen und fing an, ihre eigenen Gedichte vorzutragen. Beide Frauen haben gemeinsam, dass sie über ihre Zugehörigkeit zu ihrem Volk schreiben. Pulquillancas Gedichte sind eher nostalgisch und von Kindheitserinnerungen geprägt, während Catrileo über den Schmerz schreibt, dass sie sich nicht zu ihrer Heimat bekennen durfte.

Heute arbeitet sie als Philosophielehrerin und Schriftstellerin. Während ihres Studiums begann sie, sich mit Feminismus, postkolonialer Theorie und Subalternität auseinanderzusetzen; ein Begriff, der vom italienischen marxistischen Philosophen Antonio Gramsci geprägt wurde. Er definiert die Subalternen als diejenigen, die keiner hegemonialen Klasse angehören. Für die Inderin Gayatri Chakravorty Spivak sind die weiblichen Subalternen von einer doppelten Marginalisierung gekennzeichnet – ökonomisch und geschlechtlich.

Autor*innen wie sie haben Catrileo stark in ihrem Denken, Schreiben und Handeln beeinflusst: „Ich habe gespürt, dass sie unserem Volk viel näher sind als westliche Philosophen, weil sie die Welt aus der Sichtweise der kolonialisierten Völker betrachten. Sie haben mir auch geholfen, meine Identität zu hinterfragen. Mich im Hin und Her zu positionieren, im Graubereich, nicht als etwas Ganzes."

Diskriminierung auf vielen Ebenen

Sie fühlt sich nicht ganz als Mapuche, aber auch nicht als Chilenin. Deshalb bezeichnet sie sich als Champurria – eine Vermischung von Identitäten, die mehrere Kategorien umfasst. „Wir haben indigenes Blut, Arbeiterblut, Bauernblut. Wir sind durchkreuzt von verschiedenen Identitäten und von Körpern, die in der Geschichte unterdrückt worden sind", erklärt sie. Indigene Frauen erlebten Catrileo zufolge eine andere Realität als weiße privilegierte Frauen mit europäischen Wurzeln, weil sie nicht nur unter dem Patriarchat, also der Machtausübung der Männer, litten, sondern auch unter Rassismus, kolonialen Abhängigkeiten und kapitalistischer Ausbeutung durch transnationale Unternehmen, die ihren Lebensraum zerstörten.

„Mapuche zu sein und Frau zu sein, das sind für mich politische Entscheidungen. Das hat damit zu tun, sich für eine Idee einzusetzen und dafür zu kämpfen. Die Stimme zu erheben, für die, die nie eine Stimme hatten. Die Mapuche-Frauen konnten nie ihre Stimme erheben, niemand hat ihnen zugehört, und sie wurden durch verschiedene Arten von Gewalt unterdrückt. Aber unser Volk ist nicht tot. Wir sind ein Volk mit Jahrhunderten von Kultur." Seit sie angefangen habe, sich mit ihrer Herkunft zu beschäftigen, sei auch ihr Vater wieder stolz auf seine Wurzeln, für die er sich früher geschämt habe.

Die 31-Jährige ist Teil eines feministischen Kollektivs von Mapuche-Frauen in Santiago, die sich so ähnlich fühlen wie sie. Das Kollektiv heißt „Zwischen zwei Flüssen". Catrileo und ihr Kollektiv stehen für einen dekolonialen und intersektionalen Feminismus, der auf verschiedene Unterdrückungsformen wie Rassismus, Sexismus und ökonomische Ausbeutung antwortet. Sie organisieren regelmäßig kulturelle Veranstaltungen, Diskussionsrunden und nehmen an Protestmärschen teil.

Viele indigene Frauen betrachten den Feminismus als ein westliches Konzept weißer, gut gestellter Frauen, das nichts mit ihrer Realität zu tun hat. Die Grundlage des dekolonialen Feminismus ist deshalb, dass die Befreiung der Frauen nur mit der Befreiung der unterdrückten Völker einhergehen kann. Deshalb sagt die 31-Jährige zum Abschied: „Für mich heißt Feminismus zuallererst, für mein Volk zu kämpfen. Ich werde mich immer meinem Vater näher fühlen, der Mapuche ist – auch wenn er vielleicht manchmal ein Macho ist –, als einer privilegierten weißen Feministin, die hierherkommt und meint, sie müsste uns retten."

Die Große Mutter von Palermo

Agnese Ciulla und ihr Engagement für minderjährige Flüchtlinge

Von Helen Hecker, Palermo

Agnese Ciulla übernahm als Stadträtin in Palermo die Vormundschaft über 900 geflüchtete Minderjährige und revolutionierte in Folge das Fürsorge-system.

In der Flüchtlingskrise ab Mitte der 2010er-Jahre wird Palermos damalige Stadträtin Agnese Ciulla zum gesetzlichen Vormund von mehr als 900 Kindern und Jugendlichen und erhält den Beinamen „Große Mutter". Dank ihres Einsatzes ändert sich die Gesetzeslage in Italien, sodass heute auch Bürger*innen die Obhut für junge Migrant*innen übernehmen können.

Es ist fünf Uhr morgens. Noch halb verschlafen geht Adele an ihr unaufhörlich läutendes Handy. Wie so oft bleibt der jungen Frau kaum Zeit, sich anzuziehen und unverzüglich zu handeln: Die Polizei ist gerade dabei, ein Heim für minderjährige Geflüchtete zu schließen. Bevor sie das Haus verlässt, gibt sie ihrer Tochter noch schnell einen Kuss. Die Kleine hat heute Geburtstag. Ob die Mutter es pünktlich zur Feier schafft, kann sie jedoch noch nicht versprechen – neben ihren eigenen zwei Kindern warten Hunderte von Flüchtlingskindern auf ihre Fürsorge.

Das, was die Protagonistin Adele in dem italienischen Spielfilm „Tutto il giorno davanti", zu Deutsch: „Den ganzen Tag vor sich", durchlebt, beruht auf der wahren Geschichte der Sizilianerin Agnese Ciulla und ihren Erfahrungen als Stadträtin von Palermo. Während ihrer fünfjährigen Amtszeit von 2012 bis 2017 wurde die Italienerin zum gesetzlichen Vormund von mehr als 900 unbegleiteten Minderjährigen, die aus Ländern wie dem Senegal, Somalia, Nigeria und Syrien vor Krieg und Armut geflohen waren.

„Das italienische Gesetz besagte damals noch, dass nur der Bürgermeister oder sein Delegierter die Vormundschaft übernehmen können", sagt die 48-Jährige. Ciulla erklärte sich als Verantwortliche für Sozialpolitik dazu bereit. Eine Verantwortung, der sie – wie sie heute sagt – nur gerecht werden konnte, weil sie hinter sich sowohl privat als auch institutionell ein Netzwerk hatte, das sie unterstützte.

Frau, Mutter und Politikerin

Die Idee, die Geschichte der ehemaligen Kommunalpolitikerin für den TV-Sender Rai Uno zu verfilmen, stammt von Regisseur Luciano Manuzzi, der aus zahlreichen Zeitungsberichten über die Herausforderungen der Stadträtin erfuhr. „Als ich damals die Schlagzeile las, war ich schockiert, aber auch von

Neugier ergriffen“, erzählt der Filmemacher. Für das Drehbuch des Spielfilms arbeitete er eng mit Ciulla zusammen, um viele der wahren Begebenheiten so getreu wie möglich wiederzugeben.

„Der Film hatte im März 2020 Premiere. Es war der erste Tag des Corona-Lockdowns in Italien, und ich saß mit meinen beiden Kindern auf der Couch“, erinnert sich Ciulla. Obwohl sie das Drehbuch kannte, sei sie besorgt gewesen, dass ihre 13-jährige Tochter und ihr 19-jähriger Sohn einige Episoden, in denen es um sie selbst ging, nicht gutheißen würden. „Schließlich hatte meine Arbeit damals direkte Auswirkungen auf ihr Leben, und sie haben vieles am eigenen Leib erfahren.“ Glücklicherweise hätten beide das meiste mit Humor genommen und sich in einigen Szenen sogar wiedererkannt.

Tatsächlich schildert die Geschichte von Agnese Ciulla nicht nur die Schwierigkeiten und politischen Herausforderungen in Hinblick auf die Bewältigung der Flüchtlingskrise in Europa, sondern ist auch ein Beispiel für das Engagement von Frauen in der Politik und den damit verbundenen Vorurteilen. „Oft wird gesagt, dass hinter einem großartigen Mann eine großartige Frau steht. Ich scherze dann gern und sage, dass hinter einer großartigen Frau immer ein großartiger Babysitter wacht“, lacht die alleinerziehende Mutter.

Ihr Rettungsanker während ihrer Zeit als Stadträtin seien vor allem ihr Ex-Mann und eine gute Freundin gewesen, die sich beherzt um ihre Kinder gekümmert hätten, als sie versuchte, die Nöte anderer Kinder zu lindern.
So hat Ciulla in der Öffentlichkeit den Beinamen „Große Mutter von Palermo“ bekommen. Gemocht habe sie diesen jedoch von Beginn an nicht. „Eine Journalistin der Tageszeitung La Repubblica wurde sich bei einem Interview plötzlich bewusst, dass sich Hunderte von Jungen und Mädchen in meiner gesetzlichen Obhut befanden. Sie fragte mich, wie ich damit zurechtkomme. Ich antwortete ihr: schlecht“, erzählt die Italienerin.

In einer historischen Krise die gesetzliche Vormundschaft für alle diese Kinder und Jugendlichen gleichzeitig zu übernehmen habe bedeutet, diese Rolle nur schlecht erfüllen zu können. „Vormund zu sein heißt, die Rechte der Kinder nicht nur zu garantieren und zu schützen, sondern auch in ihrem Alltag durchzusetzen.“ Dazu gehört unter anderem, für eine angemessene Unterbringung und sozialpädagogische Betreuung zu sorgen, sie rechtlich zu vertreten, aber vor allem auch sicherzustellen, dass ein Kind sowohl physisch wie psychisch wohlauf ist. „Bei einem, zwei oder dreien ist das vielleicht möglich. Aber bei Hunderten?“

Palermo öffnet Hafen und Herzen

Das zum Film erschienene Buch „La grande Madre“, zu Deutsch: „Die große Mutter“, welches Agnese Ciulla gemeinsam mit der Journalistin Alessandra Turrisi verfasste, reist zu jenem Tag zurück, an dem die Stadt Palermo zum ersten Mal ihren Hafen für 358 Geflüchtete öffnete: dem 2. Mai 2014. Wie die meisten Italiener*innen hatte Ciulla bis dahin die Flüchtlingskatastrophe im Mittelmeer durch Medienberichte verfolgt. Mit dem Ausbruch des sogenannten „Arabischen Frühlings“ 2011 waren immer mehr Boote, sowohl an der Küste der kleinen Insel Lampedusa als auch an den Häfen Augusta oder Pozzallo im Süden von Sizilien, gestrandet.

Der Hafen von Palermo empfängt jährlich Hunderte von Flüchtlingen.

Aufgrund der zugespitzten Lage war nun jedoch auch die Hauptstadt der Insel gefordert. So fand sich die Politikerin – gemeinsam mit Bürgermeister Leoluca Orlando und unzähligen freiwilligen Helfer*innen – eines Morgens um 5.30 Uhr das erste Mal selbst am Hafen von Palermo ein, um die

Schiffbrüchigen zu empfangen. Nach diesem langen Tag übernahm sie die Obhut für die ersten 50 Minderjährigen. Es sollten in den kommenden Jahren noch viele Gesichter folgen, die Agnese Ciulla jedes Mal persönlich auf dem Landungssteg begrüßte.

Heute sind rund 7.800 unbegleitete ausländische Minderjährige in Italien registriert. Das sind 1.300 weniger als im schlimmsten Krisenjahr 2016. Sizilien ist die Region, die mit rund einem Drittel die meisten jener Kinder und Jugendlichen beherbergt – darunter Neugeborene, deren Mütter die Fahrt über das Mittelmeer nicht überlebten, sowie zahlreiche 15- und 16-Jährige, die sich allein auf den Weg machten, um in Europa ihr Glück zu finden, und die oftmals über Monate oder sogar Jahre in libyschen Gefängnissen inhaftiert waren und gefoltert wurden. Geschichten, die selbst für starke Gemüter schwer zu ertragen sind und hinter denen sich immer ein einzelnes Schicksal befindet, das verdient, mit Sorgfalt begleitet zu werden – so Agnese Ciulla.

Jedes Kind ist einzigartig

In ihrem Buch beschreibt sie, wie sich einige der vielen Nächte am Hafen von Palermo in ihr Gedächtnis gebrannt haben: „Ich werde den Geruch dieser langen Nacht nie vergessen. Der Geruch des Todes, der sich mit der Hoffnung der Erretteten und den Tränen derer vermischte, die tagelang neben einem

Die Flucht über das Mittelmeer ist für viele Minderjährige der einzige Ausweg aus Armut und Krieg.

leblosen Körper gereist sind. ‚Gewöhnt man sich mit der Zeit daran?‘, wurde ich einmal gefragt. ‚Nein‘, war meine Antwort. Daran gewöhnt man sich nie.“

Bis zu 24 Stunden kann die Prozedur der Erstaufnahme bei der Polizei, Sozialarbeiter*innen, Sanitäter*innen sowie internationalen Organisationen dauern, die eng mit den örtlichen Institutionen zusammenarbeiten, um nicht nur die Registrierung und medizinische Versorgung der Geflüchteten zu garantieren, sondern auch einen geeigneten Wohnplatz zu finden. Nicht immer sei direkt klar gewesen, wie viele Minderjährige sich auf einem Boot befanden.

So habe es beispielsweise oft Jungen gegeben, die älter als 18 Jahre gewesen seien, sich aber als minderjährig ausgegeben hätten, um dadurch eine Aufenthaltserlaubnis in Italien zu bekommen. Viele junge Mädchen dagegen machten sich älter, um zu verhindern, dass sie von den Behörden in ein Heim gebracht wurden. „Oft standen sie unter Druck, dass die Menschenhändler, die ihre Überfahrt nach Europa finanziert hatten, sie nun zur Prostitution zwingen wollten“, so Ciulla. Genau aus diesem Grund habe sich etwas an der damaligen Gesetzeslage ändern müssen, um ein neues System der Fürsorge zu schaffen, das sich der einzelnen Lebensgeschichten annimmt.

Im Folgenden setzte sich die Stadträtin also dafür ein, dass nicht nur institutionelle Vertreter*innen wie sie, sondern auch speziell geschulte Bürger*innen als sogenannte Tutor*innen eine Vormundschaft für ausländische Minderjährige übernehmen können. „Noch bevor auf nationaler Ebene 2017 mit dem Gesetz ‚Zampa‘ formell die Rechte unbegleiteter minderjähriger Migrant*innen mit denen italienischer Staatsbürgerschaft gleichgestellt wurden, haben wir in Palermo alle Institutionen an einen Tisch geholt und die Grundlage dafür geschaffen“, erklärt sie.

Die Herausforderung habe jedoch darin bestanden, langfristig ein Integrationsmodell zu erarbeiten, das die individuellen Rechte der Kinder mit Würde behandelt, anstatt sie nur irgendwohin zu stecken. „Eine solche Integration kann keinen starren Regeln folgen“, merkt Ciulla an. Stattdessen müsse sichergestellt werden, dass jedes Kind eine persönliche Betreuungsperson hat, die sich seiner Ängste und Sorgen annimmt. Heute gibt es in ganz Italien über 3.400 sogenannte Tutor*innen. Drei von vier dieser ehrenamtlichen Vormünder sind Frauen und 66 Prozent sind älter als 45 Jahre. Palermo ist mit 241 Tutor*innen neben Rom, Turin und Mailand eine der Städte mit den meisten Freiwilligen.

Palermo beherbergt Kulturen aus der ganzen Welt.

Im Schoß von Mutter Palermo

Viele der Jungen und Mädchen, die unter ihrer Obhut standen, sind Agnese Ciulla im Gedächtnis geblieben. Von einigen wie der jungen Joy, die zum Opfer des Straßenstrichs wurde, fehlt jede Spur. Andere haben ihren Weg gefunden. „Erst neulich traf ich einen der Jungen mit seinem Pflegevater. Er hatte den Traum, in Europa Fußballspieler zu werden.“ Vor Gericht habe sie sich damals dafür eingesetzt, dass das junge Talent die Erlaubnis bekam, an offiziellen Spielen teilzunehmen. Die Fifa hatte dies bis dahin Spieler*innen mit Flüchtlingsstatus untersagt, um einem Missbrauchsskandal in Spanien Einhalt zu gebieten.

Dank des Engagements der Politikerin entschied das Gericht zugunsten des Jungen, der heute einer Karriere im Fußball entgegensieht. Bereits vor ihrem Mandat als Stadträtin arbeitete die gebürtige Palermitanerin über

Agnese Ciulla wird von vielen Bewohnern Siziliens als die „Große Mutter von Palermo“ bezeichnet.

20 Jahre lang als Sozialarbeiterin mit Kindern in Problemvierteln. Nach dem Ende ihrer politischen Karriere widmet sie sich deswegen erneut den Schwächsten der Gesellschaft und setzt sich heute als Verantwortliche des Italienischen Verbands für Obdachlose für Wohnungslose ein. Rückblickend sagt Agnese Ciulla, dass sie ihre Arbeit nicht aufgrund mütterlicher Leidenschaft ausgeübt habe, sondern aus einem politischen Selbstverständnis.

Die „Große Mutter“, der sie den Titel ihres Buchs widmete, sei eigentlich die Stadt Palermo: „Sie ist eine Mutter in ihrer ganzen Komplexität, die jeden willkommen heißt, aber gleichzeitig leidet, weil sie nicht immer für alle die besten Bedingungen schaffen kann.“ Es reiche jedoch aus, zehn Minuten im Herzen von Palermo auf einer Bank zu sitzen. Dann gehe die ganze Welt an einem vorbei, und man könne begreifen, dass eine Stadt mit Menschen aus vielen Kulturen eine wahre Bereicherung sei.

Von Recht und Liebe

Bianca Walther forscht über historische Frauen

Von Katja Fischborn, Köln

Bianca Walther hat die Coronapandemie sinnvoll genutzt und den erfolgreichen Podcast „Frauen von damals" gestartet.

Helene Lange, Gertrud Bäumer und Anna Pappritz sind keine Freundinnen von Bianca Walther, doch nehmen sie und zahlreiche weitere Damen viel Raum in ihrem Leben ein. Die Berliner Dolmetscherin und Historikerin beschäftigt sich intensiv mit Frauen aus dem 19. und frühen 20. Jahrhundert. Darüber bloggt, postet, twittert, spricht und forscht sie intensiv und erfolgreich.

Es gibt sie, die kleinen Sternstunden für Historiker*innen. Bianca Walther erlebt eigentlich gleich zwei, als sie vor zwei Jahren im Bundesarchiv das indische Reisetagebuch von Anna Pappritz findet, verborgen im Nachlass der Politikerin Marie-Elisabeth Lüders. Endlich schließt sich eine Lücke im Lebenslauf der Frau, die Bianca Walther so gründlich wie möglich kennenlernen will – so gut das eben mit einer historischen Figur geht. Endlich kann Walther nachlesen, was die Frauenrechtlerin Anna Pappritz von November 1912 bis Februar 1913 in Indien tat, wie sie reiste, was sie aß, was sie dachte.

Ein Detail versüßte Walther den Fund noch mehr: Sie las in der maschinengetippten Abschrift den Spitznamen, den Pappritz ihrer Liebsten Margarete Friedenthal gegeben hatte: Lemur. Dass das einen Feuchtnasenaffen bezeichnet, darum ging es gar nicht. Doch bislang war der Kosename nur in Pappritz' Handschrift überliefert worden, und die hatte, so Walther, „eine ganz schöne Sauklaue". Nicht nur sie, auch andere, die sich mit Anna Pappritz beschäftigten, hatten hier stets „Lemm" entziffert – und gerätselt, was das eigentlich heißen solle. Nun war das Geheimnis enthüllt! „Für andere ist das vielleicht nicht viel, aber für mich war das ein tolles Erlebnis", erinnert sich Walther.

Frauen von damals treffen auf Social Media

Seit vielen Jahren beschäftigt sie sich vor allem mit der Geschichte von bürgerlichen Frauen aus der Zeit um die Wende ins 20. Jahrhundert: nicht immer, aber meist mit sich liebenden Frauen, die oft in der Frauenbewegung aktiv waren, Feministinnen, die sich engagierten, Grenzgängerinnen, Aktivistinnen. Die Berliner Frauenrechtlerin Anna Pappritz hat Bianca Walther zu einem eigenen Forschungsprojekt gemacht, sie hat das indische Tagebuch als historischen Fernreisebericht einer Weißen Frau editiert und herausgegeben.

Porträt von Anna Pappritz (1904).

Doch nicht nur das: Mit dem Account @PappritzOnTour twitterte Walther als ihre „Schreibkraft" im ersten Coronawinter eine Auswahl von Zitaten aus ebendiesem Tagebuch. Viele Hundert Leser*innen begleiteten sie dabei. Besonders erfolgreich ist Walther aber derzeit mit ihrem Projekt „Frauen von damals". Auf Twitter und Instagram postet sie Kurzbiografien zu spannenden Frauen aus der besagten Epoche, intensiv setzt sie sich im gleichnamigen Podcast mit ihnen auseinander.

Ob die bekannte schwedische Autorin Selma Lagerlöf, die umstrittene und bewunderte Frauenrechtlerin Gertrud Bäumer oder die Juristin und Feministin Anita Augspurg: Alle werden von ihr liebevoll beschrieben, charakterisiert, ihre Besonderheiten und Leistungen werden den Hörer*innen vorgestellt. Dabei kommt Walther rasch in der Gegenwart an, zieht Vergleiche zu Figuren der Fernsehserie „Babylon Berlin" oder schickt die Ohren auf eine Kneipentour ins lesbische Berlin der 20er-Jahre. In einem der damals bekannten einschlägigen Nachtclubs, dem Eldorado, sei heute ein Bioladen, erklärt sie in der Folge „Monokel-Ball im Monbijou". Zusammen mit ihrer Frau und Retriever-Hündin Pebbles lebt sie selbst nämlich gar nicht weit davon entfernt. Geboren in Andernach in Rheinland-Pfalz, zog sie 1999 in die deutsche Hauptstadt.

Historikerin im zweiten Anlauf

Zwölf Folgen plus eine Bonusfolge umfasst die erste Podcast-Staffel. Nach einer kurzen Pause veröffentlicht Walther seit Oktober 2021 jeden Monat eine neue Ausgabe und lädt nun auch andere Frauenforscherinnen als Interviewpartnerinnen ein. Das Recherchieren, Produzieren und Veröffentlichen der Folgen mache viel Spaß, sei aber aufwendig, sagt Bianca Walther. Begonnen hatte sie damit in Pandemiezeiten, als der freiberuflichen Dolmetscherin die Aufträge von zahlreichen Fachkongressen wegbrachen. „Da dachte ich, wohin mit all den Wörtern?"

Dass Walthers Stimme so angenehm professionell am Mikrofon klingt, hat viel mit ihrer ersten Ausbildung zu tun, doch die historischen Kenntnisse verdankt sie ihrem zweiten Studium, das sie 2014 an der FernUni Hagen abschloss. „Die Zeit von Kaiserreich und Weimarer Republik hat mich immer schon fasziniert", sagt sie. Neben Demokratisierung und Industrialisierung passierte auch viel im Leben der bürgerlichen Frauen: „Die Korsetts weg, die Röcke kürzer, die Haare ab."

Sie machte ihren Master in Geschichte der Europäischen Moderne und arbeitet seit 2016 an einem Forschungsprojekt zur Kulturgeschichte weiblicher Lebensgemeinschaften im Bürgertum um 1900. Hier schaut sie sich die Entwicklung in Deutschland und Schweden an. Anna Pappritz ist natürlich eine der Protagonistinnen. Zwar dolmetscht Bianca Walther Englisch und Französisch, doch zumindest lesen könne sie Schwedisch mittlerweile auch, sagt sie bescheiden.

Die 48-Jährige ist gründlich und genau, wenn sie ihren Damen nachspürt. Sie liest viel und geht dann Quellen wie Archivsignaturen in Fußnoten nach. Fast schon Detektivinnenarbeit könnte man es nennen. „Es hat sich aber viel getan in den letzten zehn Jahren", meint sie, vieles sei heute digitalisiert. Die Geschichtsforschung sei auch nicht so getrieben von der Suche nach der Entdeckung, sondern von der jeweiligen Sichtweise geprägt, die der oder die Forschende einnehme. „Wie wir erzählen, macht die Geschichte aus."

Insgesamt sei eher wenig Material von Frauen in Archiven gelandet, weil allgemein die Meinung vorgeherrscht habe, Frauen und ihr Handeln seien eben nicht so bedeutsam gewesen. Viele Dokumente seien zerstört worden, vor allem dann, wenn die betreffende Frau und ihr Lebensstil der Familie gar nicht so recht gewesen seien. Viele hätten auch keine Kinder gehabt, und die Unterlagen seien verloren gegangen.

Dabei war es im Bürgertum um 1900 sehr beliebt, Tagebuch zu schreiben, auch ausführliche Briefwechsel mit verschiedenen Personen wurden gepflegt. „Das war eine Art der Selbstvergewisserung, der Identität", so Walther. „Ego-Dokumente" könne man das auch nennen. Zum Glück hätten die Mitglieder der Frauenbewegung früh verstanden, dass sie und ihr Tun geschichtsrelevant seien, und viele Schreiben der Zeit wurden so bewahrt.

„Ich interessiere mich für die Lieben"

Bianca Walther will die historischen Frauenrechtlerinnen bekannt machen, aber nicht nur in ihrer politischen Bedeutung, sondern auch in ihren Beziehungen zueinander: „Ich interessiere mich für die Lieben." Als lesbisch oder homosexuell hätten diese sich meist nicht bezeichnet, auch wenn sie eine eindeutig emotionale Liebesbeziehung mit einer anderen Frau führten.

So hat sich Bianca Walther für den Begriff „frauenliebende Frauen" entschieden. Es sei damals durchaus möglich gewesen, als weibliches Paar aufzutreten – „solange man nicht ins Gerede kam". Die Frauen lebten zusammen, trennten sich, verliebten sich manches Mal auch, ohne erhört zu werden. Eine Anbahnung sei damals gar nicht so einfach gewesen. Viele Briefe geben Zeugnis von Flirts und Werben, von Küssen und Sehnsüchten, von Enttäuschungen und Ängsten.

„Mich hat vor allem berührt, wie die Frauen in dieser Zeit aufgeblüht sind", erklärt Walther. Sie hätten sich und ihre Körper aus der engen Rolle befreit, sich Räume geschaffen. Anna Pappritz zum Beispiel habe mit 38 Jahren Fahrrad fahren gelernt – das war 1899. Sie brach danach mit Freundinnen zu einer mehrtägigen Radtour auf, wanderte anschließend allein drei Wochen über die Alpen, obwohl sie chronisch krank war. In dieser Zeit habe sie vieles nachgeholt, sagt Historikerin Walther.

Mit Ika Freudenberg auf ein Bier

Sie kennt viele der weiblichen Biografien in- und auswendig: Ohne Zögern nennt sie Namen, Eigenschaften, Hintergründe und Verbindungen, als seien die Frauen zumindest gute Bekannte. Eine, die ihr besonders wichtig ist, deren Namen aber heute kaum jemand mehr kennt, ist Ika Freudenberg. Die Hüttenbesitzertochter aus dem Westerwald ging von Wiesbaden nach München und baute dort die bayerische Frauenbewegung mit auf. Auch wenn sie eine Musikerinnenausbildung absolvierte, studierte sie nicht, brachte sich vieles selbst bei. Finanziell war sie gut gestellt, doch sie setzte sich etwa sehr für eine Verbesserung der Arbeitsbedingungen der Kellnerinnen in den bayerischen Wirtshäusern ein.

„Sie war sensibel, diplomatisch, eine Theoretikerin. Aber vor allem hatte sie einen deftigen Humor und Spaß an allem, was menschlich war", beschreibt sie Bianca Walther. „Sie wäre eine fabelhafte Abgeordnete gewesen. Mit ihr würde ich heute sehr gerne mal ein Bier trinken gehen!" Die Einführung des Frauenwahlrechts erlebte Ika Freudenberg nicht mehr: Mit 53 Jahren starb sie 1912 an Brustkrebs und wurde in Wiesbaden begraben.

Die Würdigung ihrer besonderen Persönlichkeit soll nun aber sichtbarer werden: Eine Nachfahrin von ihr hat mit Unterstützung von Bianca Walther und dem Archiv der deutschen Frauenbewegung erfolgreich einen Antrag bei der Stadt Wiesbaden gestellt, dass Ika Freudenberg ein Ehrengrab erteilt wird. Nun wird die Ruhestätte für viele Jahre erhalten und gepflegt und soll Besucher*innen auf die Bedeutung der Verstorbenen hinweisen. Für Bianca Walther ist diese gewonnene Sichtbarkeit einer Frauenrechtlerin ein Grund zu wahrer Freude.

Porträt von Ika Freudenberg.

Vorlagen für aktuelle Serien

Manch historische Frauenfigur wird aktuell sogar im Film oder in Serien gewürdigt, wenn auch oft eher fiktiv wie die Rolle der Polizistin Charlotte Ritter in „Babylon Berlin“. 1929 gab es in der Roten Burg am Alexanderplatz bereits Polizistinnen, deren Verhalten sich aber sicher von dem im modernen Drehbuch vorgesehenen unterschied, so Walther. Trotz der historischen Abweichungen finde sie an solchen Rollen dennoch Geschmack. Auch die ARD-Serie „Eldorado KaDeWe“ vermittle durchaus gelungen das Lebensgefühl der 20er-Jahre. Der bereits erwähnte legendäre Berliner Nachtclub kommt natürlich ebenfalls darin vor – anschließend wird man dort das Biogemüse vielleicht mit anderen Augen einkaufen.

Ihr Geheimtipp ist aber die BBC-Produktion „Gentleman Jack“ über die frauenliebende und erotisch vielseitige Landadelige Anne Lister, die von 1791 bis 1840 in England lebte. Walther wünscht sich, dass solche Serien nicht nur im Bezahlfernsehen liefen, sondern im ganz normalen TV-Programm. Sie hat im Kopf – nur zum Spaß natürlich – bereits eine ganze Staffel über die Frauenbewegung skizziert, inklusive Besetzung aus der aktuellen Riege deutscher Schauspielerinnen. Spannenden Stoff gäbe die Zeit von der Französischen Revolution bis zum Zweiten Weltkrieg sicher her.

Leben, um davon zu erzählen

Sara Rus kämpft gegen das Vergessen

Von Anne Herrberg, Buenos Aires

Sara Rus bewahrt bis heute zwei Töpfe aus dem Konzentrationslager. Sie haben ihr das Leben gerettet.

Sara Rus überlebt Konzentrationslager, Zwangsarbeit und Todesmarsch. Dann beginnt sie ein neues Leben in Argentinien. Dort lässt das Militär ihren Sohn verschwinden. Die unglaubliche Geschichte einer Frau, die unermüdlich für das Leben kämpft – und gegen das Vergessen.

In ihrer Küche stehen zwei Blechtöpfe aus dem Konzentrationslager. Sie haben sie begleitet, über all die Jahre, bis in ihr kleines Appartement im bürgerlichen Viertel Belgrano in Buenos Aires. Zwei Henkeltöpfe – ein großer und ein kleiner –, bis auf ein paar Beulen und Kratzer noch gut erhalten. „Man sieht, dass damals gutes Aluminium verwendet wurde", sagt Sara Rus. Der polnische Akzent ist ihrem Spanisch nur noch leicht anzuhören.

Am 5. Mai 1945 wurde die polnische Jüdin von US-Soldaten aus dem KZ Mauthausen befreit, mit weniger als 27 Kilo auf den Rippen. „Es gab damals einige, die gestorben sind, weil sie zu schnell angefangen haben zu essen", erklärt sie. „Sie waren so schwach, ihre Körper vertrugen kein Fett mehr." Rus' Mutter, die gemeinsam mit der Tochter das NS-Regime überlebte, kochte ihr in den Blechtöpfen die ersten Mahlzeiten. „Das hat mir das Leben gerettet."

Sara Rus, Häftlingsnummer 53894, ist heute 95 Jahre alt. Sie trägt die kurzen Haare rötlich blond, dazu ein Shirt in grün-weißem Ethnomuster. Wenige Jahre nach dem Krieg wanderte sie nach Argentinien aus. Es schien die Rettung zu sein – weit weg vom Schrecken der alten Heimat. Auf dem Tisch ihres kleinen Wohnzimmers stehen frische Blumen, im Regal Fotos ihrer Enkelinnen und Urenkel. Und dann steht da noch eine kleine Pyramide, ein Miniatur-Replikat des Originals auf der zentralen Plaza de Mayo der Stadt.

Es ist der Ort, an dem die Madres de Plaza de Mayo, die Mütter der Verschwundenen der Militärdiktatur, jeden Donnerstag ihre Runden drehen – bis heute. Auch Sara Rus lief, solange es ihre Hüfte erlaubte, mit. Im Schrank bewahrt sie das symbolische weiße Kopftuch der Madres auf: 15. Juli 1977 ist mit hellblauem Garn darauf gestickt, darunter der Name ihres Sohnes Daniel. Die Geschichte wiederhole sich, deswegen erzähle sie. Damit es nicht noch einmal passiere.

Eine geheime Notiz

Sara Rus wird unter dem Namen Schejne Miriam Laskier in der polnischen Industriestadt Łódź geboren. Ihr Vater Jacobo, ein ausgebildeter Rabbiner, arbeitet als Schneider. Das Geschäft läuft gut, die kleine Sara lernt Violine. Doch dann marschiert die Wehrmacht in Łódź ein. Sie ist zwölf Jahre alt, als SS-Männer in ihr Haus stürmen und ihre Geige zerbrechen. „Sie fragten mich: ‚Hast du gerne die Violine?' Ich sagte: ‚Ja'", erinnert sie sich auf Deutsch. In jener Sprache, die sie zu Hause von Kindheit auf lernte, das Nachbarland, seine Kultur, es schien vertraut.

Viele Kunden des Vaters sind Deutsche. „Da nahm der Soldat meine Geige und zerbrach sie auf dem Tisch in alle Einzelteile. Dadurch wurde mir klar, dass die Nazis keine Menschen waren." Ihre Kindheit endet an jenem Tag, und die Familie wird ins Ghetto gesteckt. Die Nazis nennen es Litzmannstadt, nach einem General und NSDAP-Reichstagsabgeordneten. Sara Rus muss den Davidstern tragen, mit 13 als Näherin schuften. Zwei neugeborene Geschwister sterben, eines an Hunger, das andere wird von den Nazis ermordet.

Und doch lächelt Sara Rus heute, wenn sie über das Ghetto spricht. „In den schlimmsten Momenten, die man erlebt, existiert die Liebe", sagt sie. Ihr Liebster ist zehn Jahre älter als sie und notiert ein Datum in ihrem Notizbuch: 5. Mai 1945. „Wenn der Krieg dann vorbei ist, treffen wir uns vor dem Kavanagh-Gebäude in Buenos Aires, in Argentinien", sagt er. Ein fernes Land. Ein Onkel von ihr floh dorthin, mehr weiß sie damals nicht: „Das Datum bewahrte ich auf wie einen Schatz."

Eine Laus, der Tod

5.5.1945. Diese Zahlen kann ihr niemand nehmen, selbst dort, wo jedes Leben zu einer Nummer degradiert wird. In einem Viehwaggon wird die Familie 1944 nach Auschwitz deportiert: ins Vernichtungslager Birkenau, zu den Gaskammern. Den Vater sieht sie zum letzten Mal am Bahnhof. „In Auschwitz kamen wir auf einen Platz, da stand ein Deutscher, dick und mit einer Peitsche. Er teilte uns in zwei Reihen ein. Er sagte: ‚Links, rechts, links, rechts.'" Wieder wechselt sie in die deutsche Sprache. Sie sollte nach rechts, die Mutter nach links. Dort standen all jene, die dürr und krank aussahen. „Ich sagte ihm: ‚Halt! Du hast mir meine Mutter genommen.'"

Woher nimmt sie damals den Mut? „Mir war da schon alles egal." Deutsch zu verstehen und zu sprechen, die Sprache der Befehle, hilft ihr. Die Mutter wird zurückgeschickt ins Leben. Bald folgt die nächste Zäsur. „Eine Laus, der Tod", lautet die Drohung. Sara Rus hat lange Zöpfe. Kahl geschoren und nackt erkennt sie ihre eigene Mutter kaum noch. „Jeden Tag verschwand wieder eine Gruppe Frauen", erinnert sie sich. Eingepfercht in Zementbaracken, der Geruch der Öfen in der Luft. Bilder, für die es keine Worte gibt.

Sara Rus und ihre Mutter werden nach Freiberg verlegt, um Zwangsarbeit in einer Flugzeugfabrik zu leisten. Sie erleidet einen schweren Arbeitsunfall, am Himmel kreisen die Bomber, die Alliierten rücken näher. Wieder werden sie auf Züge verfrachtet. „Haltet durch, der Krieg ist bald zu Ende", rufen ihnen die Deutschen zu und schicken sie auf den letzten Todesmarsch. Die Mutter bricht zusammen, die Tochter schleppt sie weiter, Kilometer um Kilometer ins KZ Mauthausen. Dorthin werden gegen Kriegsende Zehntausende Häftlinge aus frontnahen Lagern geschafft. „Wir lagen neben Menschen, von denen wir nicht wussten, ob sie bereits tot sind", erzählt Sara Rus. Sie ist damals 18 Jahre alt und wiegt 27 Kilo.

Opfer und Täter*innen am selben Ort

Am 5. Mai 1945 erreicht die US-Armee das Lager. Genau an Saras Datum. Viele Soldaten weinen, als sie die abgemagerten Häftlinge sehen. Der langsame Weg zurück ins Leben beginnt. Eines Tages erreicht ein Brief das Lager – „für Sarenka" steht darauf, Saras Rus' Spitzname. Auf Polnisch bedeutet das Rehkitz. Es ist Post von jenem Mann, den sie im Ghetto Łódź kennenlernte und der in ihrem Notizbuch den 5. Mai 1945 notierte und ihr versprach: Wir treffen uns in Buenos Aires wieder. Bernardo nennt er sich seitdem. Er ist zurück in Łódź, dort trifft er zufällig eine ehemalige Gefangene aus Mauthausen und erfährt so von Sara Rus' Aufenthaltsort.

1948 machen sich die beiden, frisch vermählt, wirklich nach Argentinien auf. „Das Problem war, dass wir keine Visa bekamen." Argentinien ist damals Migrationsziel Tausender in Europa verfolgter jüdischer Menschen. Doch ab 1938 gilt die geheime Anordnung, ihnen die Einreise zu verweigern. Die sogenannte „Kornkammer der Welt" besteht im Zweiten Weltkrieg auf einer neutralen Position. Erst 1945 erklärt das Land den Achsenmächten, unter Druck der Alliierten, den Krieg.

Auch die Flucht des Paares gelingt nur über Umwege: Aus dem Berliner Auffanglager reisen sie zunächst nach Paraguay. Von dort bringt sie ein

Schleuser über den Grenzfluss. Das kleine Boot mit zwölf Flüchtlingen an Bord kentert. Beinahe gehen sie unter. In der argentinischen Grenzstadt Clorinda landen sie erst einmal im Gefängnis. Sie sind nicht die Einzigen – mehr als 100 geflüchtete Jüdinnen und Juden hoffen in Clorinda auf Weiterreise. Allerdings können auch Nazis passieren.

Denn Opfer und Täter*innen suchten denselben Zufluchtsort. Nach dem Krieg gelang nachweislich etwa 300 Nazis die Flucht an den Rio de la Plata, darunter NS-Kriegsverbrecher wie Adolf Eichmann, einer der Hauptverantwortlichen für die Ermordung von sechs Millionen Jüdinnen und Juden. Auch Josef Mengele, der KZ-Arzt von Auschwitz, oder SS-Hauptsturmbannführer Erich Priebke lebten dort lange Jahre unbehelligt. Der ab 1944 regierende Präsident Juan Domingo Perón war ein Bewunderer des europäischen Faschismus.

Eigene Kinder – das größte Geschenk

Doch es war ausgerechnet seine damalige Frau Eva Perón, besser bekannt als Evita, die Sara und Bernardo Rus den legalen Aufenthalt in Argentinien ermöglichte: „Bernardo hatte von Eva Perón gehört, dass sie den Leuten half, und er schrieb ihr einen Brief“, erinnert sich Sara Rus. Kurze Zeit später kommt damals die Antwort mit der Genehmigung, nach Buenos Aires reisen zu dürfen.

1950 wird Sohn Daniel geboren, obwohl die Ärzte in Deutschland Sara Rus versicherten, sie könne keine Kinder bekommen. „Meine Mutter hatte immer gesagt, uns beschützt ein Engel. Daniel Lazaro Rus war das größte Geschenk meines Lebens.“ 1955 folgt Tochter Natalia. Der Beginn eines ganz normalen Familienlebens. Daniel Rus studiert Nuklearphysik, arbeitet als Stipendiat am Nationalen Zentrum für Atomenergie. Doch am 15. Juli 1977 kommt er nicht mehr nach Hause.

Ein knappes Jahr zuvor putschte sich in Argentinien ein brutales Militärregime an die Macht. Der selbst ernannte Prozess der Nationalen Reorganisation hatte sich offiziell den Kampf gegen linke Guerilleros auf die Fahnen geschrieben. Es beginnt ein blutiger Staatsterror gegen Subversive und damit gegen alle, die im Verdacht stehen, Andersdenkende zu sein. In Nacht-und-Nebel-Aktionen werden Zehntausende verschleppt, gefoltert, ermordet, in Flugzeugen über dem offenen Meer abgeworfen oder in Massengräbern verscharrt.

Schätzungsweise 30.000 Menschen sind unter der letzten Militärdiktatur Argentiniens verschwunden, Hunderte wurden aus Flugzeugen über dem offenen Meer abgeworfen.

Im Juli 1977 verschwindet ein enger Freund ihres Sohnes, wenige Tage später auch er, gemeinsam mit mehreren Kollegen aus der Behörde. Warum? Sara Rus sucht bis heute nach Antworten. Damals fragt sie bei Krankenhäusern nach, bei der Polizei: „Man schickte uns zum Innenministerium, und dort sagte man mir: ‚Dein Sohn ist mit einem Mädchen durchgebrannt, der ist nicht hier', so antworteten sie allen Müttern."

Denn Sara Rus ist nicht die einzige Mutter, die bis heute ihr Kind sucht. Die Plaza de Mayo, direkt vor dem rosafarbenen Regierungsgebäude Casa Rosada in Buenos Aires, wird zum Zentrum ihrer Proteste, mit dem symbolischen weißen Kopftuch und den umgehängten Fotos ihrer Kinder fordern sie Antworten. Die Holocaust-Überlebende schließt sich an. Auch sie wird als Verrückte verschrien, als Terroristenmutter gebrandmarkt, verfolgt, bedroht.

Nunca más – nie wieder

Bernardo Rus schreibt derweil Briefe: an Diktator Jorge Rafael Videla, an die US-Botschaft, er bittet den damaligen Bundesaußenminister Hans-Dietrich Genscher um Hilfe. Ohne Ergebnis. 1983 kehrt Argentinien zur Demokratie zurück, von Sohn Daniel fehlt weiter jede Spur. Kurze Zeit später stirbt Bernardo Rus an Lungenkrebs. „Er hat immer gesagt, wenn mein Sohn nicht auftaucht, interessiert mich das Leben nicht mehr. Meinen Sohn zu verlieren in einem Land, in dem ich mich sicher fühlte, in dem ich mich in einer besseren Welt wähnte, und dann erleben zu müssen, wie dort gefoltert und getötet wird, genauso wie es die Nazis getan haben, das kann man nicht vergessen", sagt Sara Rus.

Nachdenken ist ein revolutionärer Akt: Denkmal im Erinnerungspark von Buenos Aires.

Es geht nicht um Vergleiche, jedes Land hat seine Geschichte – und doch fragt sie sich: Wie kann es sein, dass in zwei so fortschrittlichen, aufgeklärten Ländern derart menschenverachtende Regime gedeihen konnten, so viele Menschen wegschauten, nichts mitbekamen oder vorgaben, nichts zu wissen? Das ist der Grund, warum sie unermüdlich davon erzählt und damit aktiv gegen das Vergessen ankämpft. In Schulen, vor Journalist*innen, auf Gedenkveranstaltungen wie im Jahr 2004, als der damalige Präsident Néstor Kirchner erstmals im Namen des Staates um Entschuldigung bittet für die während der Diktatur begangenen Menschenrechtsverbrechen.

Hunderte Ex-Militärs wurden inzwischen vor Gericht gestellt und verurteilt. Doch sie schweigen bis heute. „Ich wünschte, ich hätte seine Knochen, um das letzte Gebet für ihn zu sprechen oder, wie wir in Jiddisch sagen, das Kaddisch“, erklärt Sara Rus. Erinnerung, Wahrheit und Gerechtigkeit, rufen die Madres jeden Donnerstag. „Wenn wir vergessen, dann wiederholt sich die Geschichte. Leider sehen wir, dass viel von dem Gedankengut auch heute noch da ist.“ „¡Nunca más!“ – nie wieder Diktatur, nie wieder Faschismus. Dafür kämpft Sara Rus bis heute.

Gegen den Hass

Über den unermüdlichen Kampf im Netz

Von Anne Klesse, Hamburg

Juliane Chakrabarti bekämpft Trolle und Hater im Netz mit Worten.

Hetze und Diffamierung im Internet nehmen zu. Ziel sind oft Frauen oder gesellschaftliche Minderheiten. Der Verein Ichbinhier hält mit Tausenden Freiwilligen, die unermüdlich in den Sozialen Netzwerken kommentieren, dagegen.

Wenn auf reichweitenstarken Nachrichtenseiten im Netz Artikel zu Flucht, Feminismus, Klima oder Extremismus erscheinen, wissen Juliane Chakrabarti und ihre Kolleg*innen: Heute wird es ein langer, arbeitsreicher Tag. Bei bestimmten Themen können sie mittlerweile voraussagen, dass Kommentare voller Hass und Hetze – manchmal sogar tagelange Shitstorms – gegen einzelne Autor*innen folgen, zumal, wenn die Artikel auf Social Media gepostet werden. Um dem etwas entgegenzusetzen, engagieren sie sich im Hamburger Verein Ichbinhier für eine respektvolle Diskussionskultur im Netz.

Hervorgegangen ist der Verein aus einer geschlossenen Facebook-Gruppe, die Ende 2016 gegründet wurde. Die Idee stammt aus Schweden, wo es eine ähnliche Gruppe schon ein paar Monate länger gab. Anspruch ist es, Nutzer*innen Sozialer Netzwerke, Medienvertreter*innen und politische Entscheidungsträger*innen überhaupt für das Thema zu sensibilisieren.

Juliane Chakrabarti, Jahrgang 1951, ist seit 2017 dabei. Sie selbst wurde während eines Shitstorms gegen die ZDF-Journalistin Dunja Hayali aufmerksam auf das Problem. Hayali ist seit einem Statement zum Umgang mit Geflüchteten 2015 immer wieder übelsten Beleidigungen, Verleumdungen und Drohungen ausgesetzt. Das war auch 2017 immer wieder so.

Ichbinhier, damals rund 4.000 Facebook-Nutzer*innen stark, stand Hayali zur Seite: Freiwillige hinterließen Kommentare mit dem Hashtag #ichbinhier, um den Gerüchten und Falschbehauptungen in den Kommentarspalten zu widersprechen und gleichzeitig deutlich zu machen, dass es nicht in Ordnung ist, herabwürdigend miteinander umzugehen. Chakrabarti fand: „Eine sehr sinnvolle Aktion, ich habe noch am selben Tag um Aufnahme gebeten."

Die Gruppe wuchs schnell, ein gemeinnütziger Verein sollte gegründet werden. Diplom-Pädagogin Chakrabarti hat jahrelang in Vereinen und sozialen Einrichtungen gearbeitet – zuletzt in der Leitung eines kommunalen Sozialunternehmens, das geflüchteten, obdachlosen und anderen Menschen, die es auf dem Wohnungsmarkt besonders schwer haben, Wohnungen gibt. Sie kennt sich aus mit Satzungen, Gemeinnützigkeit, Finanzierung. Noch 2017 wurde sie in den Vorstand gewählt, seit September 2021 ist sie Vorstandsvorsitzende.

Hass im Netz führte bereits zu Mord und Terror

„Zivilcourage war mir schon immer wichtig", sagt Chakrabarti. Jedoch habe sie früher wenig Zeit für ein Ehrenamt gehabt. Zwischen Abitur und Studium bekam sie ihre Tochter und heiratete. Ihr Mann ist mittlerweile verstorben. Mit ihrer Tochter wohnt sie in einem gemeinschaftlichen Wohnprojekt in einem Stadtteil in Hamburgs Süden, der ansonsten eher von prekären Wohnverhältnissen geprägt ist. Wer kann, geht lieber weg, doch Chakrabarti hatte die ehemalige Industriebrache als Gegenentwurf zu den alten Arbeiter*innensiedlungen und zur Aufwertung des Viertels selbst mitentwickelt und zog aus dem beliebten Eppendorf dorthin.

Offenbar geht sie gern als gutes Beispiel voran. „Als meine Tochter klein war, habe ich gegen Atomkraftwerke oder Volkszählung demonstriert. Später blieb wenig Raum für Engagement", sagt sie. Als Rentnerin habe sie nun die Zeit und mit Ichbinhier eine Möglichkeit gefunden, „bei der ich für Themen, die mir wichtig sind, einstehen kann, ohne mich vor Wasserwerfer auf die Straße setzen zu müssen". Weniger dramatisch ist diese Arbeit dennoch nicht.

Auch die Freiwilligen selbst werden immer wieder in Kommentaren beschimpft und auch in privaten Nachrichten bedroht. Chakrabarti erzählt von einer älteren Bekannten im Verein, der regelrecht übel wurde, als sie die vielen Vergewaltigungsdrohungen gegen sich selbst kürzlich archivierte. Angst habe sie zwar nicht, aber: Walter Lübcke, Halle, Hanau – für sie drei Beispiele, wie der Hass aus dem Netz ins reale Leben schwappte und sogar zum Mord an Menschen führte.

Zur Erinnerung: Der Kasseler Regierungspräsident Walter Lübcke war nach jahrelangen Todesdrohungen aus rechten Kreisen im Juni 2019 an seinem Wohnhaus erschossen worden. In Halle hatte ein bewaffneter Rechtsextremist im Oktober 2019 versucht, in eine Synagoge einzudringen, und dann eine Frau auf der Straße und einen Mann in einem Imbiss getötet sowie zwei weitere Menschen schwer verletzt. In Hanau hatte ein Attentäter im Februar 2020 neun Menschen in einer Shisha-Bar erschossen.

Nur wenige Meldestellen für Opfer von Hetze im Internet

Lange Zeit gab es nur in wenigen Bundesländern staatliche Meldestellen im Kampf gegen Hasskriminalität im Internet. Hessen startete im Januar 2020 die bundesweit erste Anlaufstelle. Das Bundeskriminalamt verweist auf die in Baden-Württemberg ansässige Meldestelle Respect!, bei der bundesweit Hinweise geprüft, an die Plattformbetreiber*innen weitergegeben und zur strafrechtlichen Verfolgung angezeigt werden. Im Frühjahr 2021 trat zudem ein neues Gesetzespaket in Kraft: Bei Beleidigungen im Netz drohen nun bis zu zwei Jahre Haft. Der Strafrahmen bei Mord- und Vergewaltigungsdrohungen im Netz wurde auf bis zu drei Jahre Freiheitsstrafe angehoben.

Seit Februar 2022 müssen Soziale Netzwerke so etwas nicht mehr nur löschen, sondern auch inklusive der IP-Adresse dem Bundeskriminalamt melden. Kritiker*innen bezweifelten schon im Vorfeld, dass das funktionieren wird. Andere sorgten sich um die Meinungsfreiheit, wieder anderen gehen die Bestimmungen nicht weit genug. Doch immerhin haben Betroffene nun eine Möglichkeit, sich auch rechtlich zu wehren. Unterstützung erhalten sie weiterhin jederzeit von Initiativen wie Ichbinhier oder HateAid, einer gemeinnützigen Organisation mit Sitz in Berlin, die Opfern digitaler Gewalt unter anderem mit kostenloser Beratung und Prozesskostenfinanzierung hilft.

Häufiges Ziel solcher Attacken im Netz sind Menschen mit Migrationshintergrund, Politiker*innen, Muslim*innen und Geflüchtete, besonders die Frauen unter ihnen sind betroffen. Das zeigen etliche Studien und wird unter anderem im Forschungsbericht des Instituts für Demokratie und Zivilgesellschaft von 2019 deutlich. In einer Studie der Hilfsorganisation Plan International zu digitaler Gewalt, bei der 14.000 Mädchen und junge Frauen in 22 Ländern befragt wurden, kam heraus, dass 58 Prozent bereits Bedrohungen, Beleidigungen und Diskriminierungen erlebt hatten. In Deutschland waren es sogar 70 Prozent.

Diese Erfahrungen führten bei vielen Betroffenen zu psychischen Leiden und dazu, dass sie ihr Verhalten in den sozialen Kanälen änderten: Sie nutzen die Plattformen seltener, sagten weniger ihre Meinung oder verließen das jeweilige Netzwerk ganz. Diese Verdrängung ist seitens der Hater*innen gewollt, sagen Expert*innen wie Juliane Chakrabarti. „Die systematischen Anfeindungen gegenüber der Grünen-Kanzlerkandidatin Annalena Baerbock sind ein Beispiel dafür, wie Frauen aus dem Netz gedrängt werden sollen. Oft geht es darum, Narrative zu verbreiten und die Berichterstattung zu bestimmen."

Sie ist überzeugt: „Was wir einmal aufgeben an Raum – das ist weg. Wir merken es in Ländern wie Ungarn, Polen, Russland, den USA und wie schnell sich dort antifeministische Strömungen breitmachen." Laut HateAid unterscheiden sich die Gewalterfahrungen, die Frauen im Netz machen, stark von denen heterosexueller weißer Männer: „Häufig ist die Gewalt, die sich online gegen Frauen richtet, sexualisiert und frauenfeindlich. Das bedeutet, Täter*innen greifen Frauen einzig und allein aufgrund ihres Geschlechts an. Der Inhalt, den Frauen in diesen Fällen zuvor verbreiteten, posteten oder likten, ist häufig nebensächlich."

Stille Mitlesende erreichbar für Argumente und Hinweise

Der Verein Ichbinhier hat die Hater*innen in drei Kategorien eingeteilt: Ein großer Teil seien stille Mitlesende, die nicht selbst kommentierten, aber für Verschwörungsmythen und Ähnliches empfänglich seien. „Eine andere Gruppe nennen wir die Trolle. Die sind häufig gelangweilt und leiden darunter, dass sie keine Bedeutung haben. Deren Antrieb ist der Wunsch nach Aufmerksamkeit", so Chakrabarti. Und dann gebe es die mit politischem Programm, zu ihnen zählt der Verein etwa sogenannte Querdenker*innen. Letztere sind wohl am wenigsten erreichbar für Argumente und im realen Leben teils gewaltbereit. „Viele sind aus Wut, Ärger und Frustration gespeist darüber, was in ihrem Leben nicht gut läuft."

Um dem etwas aktiv entgegenzusetzen, scannen Freiwillige zwischen 6 und 22 Uhr die reichweitenstärksten Webseiten wie T-Online, Focus Online, Spiegel.de, Welt.de und Bild.de. „Sobald ein Artikel innerhalb von 15 Minuten mehr als 30 Prozent Hass- und Hetzkommentare hat, rufen wir unsere Community auf, aktiv zu werden", so Chakrabarti. Dann schreiben die Freiwilligen Kommentare, die die Moderator*innen auf Beleidigungen aufmerksam machen. Sie zeigen irreführende oder falsche Behauptungen auf, argumentieren dagegen. Es gibt keine Vorschriften oder Richtlinien, das passiert weitgehend selbstverantwortlich.

Für ihre Arbeit wurden die Ichbinhier-Macher*innen 2017 mit dem renommierten Grimme Online Award ausgezeichnet, Initiator Hannes Ley erhielt 2018 stellvertretend das Bundesverdienstkreuz. Mittlerweile zählt das überparteiliche Netzwerk 42.000 aktive Mitglieder. Es sind etwas mehr Frauen als Männer, mehr als die Hälfte kommt aus psychosozialen Berufen, mehr als 70 Prozent waren bereits vorher ehrenamtlich tätig und haben selbst Erfahrungen mit Hassrede gemacht.

Juliane Chakrabarti ist überzeugt: Für Betroffene sei es wichtig zu sehen, dass sie nicht allein seien. Die meisten Hater*innen werde man damit wohl nicht überzeugen, aber vielleicht die stillen Mitlesenden. Für die Aktivistin ist es vor allem das Signal, das zählt: „Im Netz dagegenzuhalten ist für mich so ähnlich, wie in der S-Bahn aufzustehen und jemandem, der einen anderen Fahrgast beleidigt, zu sagen: Lass das sein!"

Häufiges Ziel von Attacken im Netz sind Menschen mit Migrationshintergrund, Politiker*innen, Muslim*innen und Geflüchtete, dabei sind besonders Frauen betroffen.

Kapitel 2

Soziale Bewegungen

Raus aus Spanien!

Die katalanische Bürger*innenbewegung

Von Christine Memminger, Barcelona

Katalanischer Nationalfeiertag 2018 mit Elisenda Paluzie als Anführerin.

Elisenda Paluzie kämpft vehement für die Unabhängigkeit ihrer Region Katalonien. Sie fordert zusammen mit Hunderttausenden das „Ende der Unterdrückung durch den spanischen Staat" – und das um fast jeden Preis.

Ein Meer aus gelb-roten Streifen: Es sieht aus, als würden Katalonien-Flaggen in einem unendlichen Strom quer durch Barcelona treiben. Darunter wimmelt es von Frauen, Männern und Kindern in neonorangefarbenen T-Shirts. Und langsam schwappt sie von links heran, die Welle der Unabhängigkeits-Rufe: „In-inde-independència!" Sie schwillt weiter an auf der elf Kilometer langen Strecke, bis sie die Kehlen von rund einer Million Menschen erfüllt.

Elisenda Paluzie hat den Kanon mit angestimmt. Jetzt ruft sie der Menge von der Bühne aus zu: „Ihr zeigt, dass die Unterdrückung uns nicht besiegt hat. Dass wir unser politisches Ziel nicht aufgegeben haben: die Unabhängigkeit unseres Landes. Und dass wir sie nun noch bewusster fordern, stärker und bestimmter als je zuvor!"

Die Szene stammt vom 11. September 2018, dem Nationalfeiertag Kataloniens. In diesem Jahr hatte Elisenda Paluzie zum ersten Mal alle Fäden in der Hand. Seit sechs Monaten war sie da Präsidentin der Bürger*innenbewegung Assemblea Nacional Catalana (ANC). Der Tag erfüllt sie mit Stolz, wenn sie heute daran zurückdenkt. „Wir haben wieder gezeigt, wie sehr wir die Katalanen mobilisieren können. Und das ist eine Macht", sagt sie. „Wir haben einen großen Teil der Bevölkerung hinter uns, und wir sind glaubwürdig. Das weiß auch der spanische Staat, und deshalb will er die Bewegung zerstören."

Neue Eskalationsstufe im Katalonien-Konflikt

Das Vokabular hat sich in den vergangenen Jahren verhärtet. „Unterdrückung" und „Zerstörung" mitten in der EU? In einer Stadt wie Barcelona, die als weltoffen gilt, Millionen Tourist*innen jährlich anzieht und von der aus große internationale Unternehmen agieren? Wie passt das zusammen? Der Konflikt um die katalanische Unabhängigkeit ist historisch gewachsen und hat ab 2017 immer neue Eskalationsstufen erreicht.

Elisenda Paluzie organisiert mit ihrer Bewegung nicht nur zahlreiche Großkundgebungen und Streiks – und zwar auch abseits des Nationalfeiertages. Zwischenzeitlich kämpfte die 52-Jährige außerdem für den Freispruch von zwölf Politiker*innen und Aktivist*innen, die vom spanischen Staat wegen Rebellion zu hohen Haftstrafen verurteilt wurden. Sie hatten im Oktober 2017 ein Referendum organisiert, in dem die Katalan*innen über ihre Unabhängigkeit abstimmen konnten.

Auch Paluzies Vorgänger Jordi Sànchez war unter den Angeklagten. Inzwischen konnte er das Gefängnis auf Bewährung verlassen, darf jedoch weiterhin keine Ämter ausüben. Nachdem er verhaftet worden war, übernahm die Wirtschaftswissenschaftlerin im März 2018 den Vorsitz der ANC. Sie erklärt: „Man muss immer Kosten und Ertrag jeder Aktion berechnen. Aber wir verändern weder unser Ziel noch den Weg dahin. Und ich weiß, dass das schon allein ein Risiko ist."

Im katalanischen Parlament stellen die separatistischen Parteien aktuell zwar zusammen die Regierung, haben aber nur einen knappen Vorsprung. Es ist also keineswegs so, dass sich alle 7,4 Millionen Katalan*innen einen

Demonstration der katalanischen Separatisten in Madrid.

Austritt aus Spanien wünschen. Unabhängige Umfrageergebnisse zu diesem Thema gibt es nicht.

In dem besagten umstrittenen Referendum stimmten laut katalanischer Regionalregierung 90 Prozent für die Abspaltung von Spanien. Angeblich nahmen 43 Prozent aller Stimmberechtigten, unter chaotischen Bedingungen, teil. Wer wie Elisenda Paluzie die Unabhängigkeit fordert, nimmt dafür auch chaotische Ergebnisse in Kauf. Für sie zählen die 90 Prozent Zustimmung im Referendum – egal, wie die Bedingungen waren.

Es geht ihr um Stolz und Nationalgefühl, um Identität. Ihre Mitstreiter*innen bezeichnen sich stets als Katalan*innen, nie als Spanier*innen. Obwohl Paluzie Ökonomin ist, nennt sie als Hauptgrund für ihre Überzeugung nicht wirtschaftliche Vorteile, die die Region Katalonien allein besser dastehen ließen. Das ist für sie nur ein „angenehmer Nebeneffekt". Stattdessen will sie nicht mehr von Spanien „dominiert" werden: „Wir haben eine eigene Geschichte, eine eigene Sprache. Wir haben ein Recht darauf, selbst zu entscheiden, wie unser politisches System aussieht."

Ausgelacht, weil sie Katalanisch sprach

Als Elisenda Paluzie i Hernàndez 1969 in Barcelona geboren wird, ist Franco noch an der Macht. In ihrer Familie sprechen sie Katalanisch, damals unter Strafe verboten. Sie wächst in einem Umfeld auf, in dem viel über Politik diskutiert wird, liest schon mit zwölf Jahren täglich die Zeitung. Die Sommerferien in diesem Alter werden zum Schlüsselerlebnis für sie. Die Familie besucht das Dorf des Großvaters in Ávila in der Region Kastilien.

„Ich erinnere mich, dass das ein ziemlicher Schock war", erzählt Paluzie. „Die Kinder, mit denen ich dort spielte, lachten uns aus, wenn wir Katalanisch sprachen. Ich konnte nicht fassen, wie wenig sie unsere Kultur und Identität respektierten." Und das, obwohl zu diesem Zeitpunkt Franco schon tot und Katalanisch wieder erlaubt war.

Die Sprache ist für viele Katalan*innen der deutlichste Ausdruck dafür, warum sie sich unterdrückt fühlen. In gemischten Gruppen wird wie selbstverständlich davon ausgegangen, dass man sich auf Spanisch unterhält, obwohl Katalanisch ebenso als regionale Amtssprache anerkannt ist. Die Sprache ähnelt dem Spanischen wie auch Französisch oder Italienisch. Sie wird von rund neun Millionen Menschen gesprochen, auch in Valencia, auf den Balearen und in Teilen Frankreichs.

Verschiedene spanische Bildungsminister wollten Katalanisch als Schulsprache aber bereits abschaffen, mehrere Parteien werben explizit mit solchen Vorhaben um Wähler*innen. Aktuell ist beides erlaubt, und es wird auch beides gelehrt, dadurch wachsen so gut wie alle Katalan*innen bilingual auf. Ebenso werden viele Zeitungen oder Fernsehprogramme in Katalonien zweisprachig verbreitet.

Von der Expertin zur Aktivistin

Elisenda Paluzie gibt Interviews auch auf Spanisch, ebenso auf Englisch und Französisch. In ihrem Büro der Bürger*innenbewegung steht eine Estelada, die katalanische Flagge mit Unabhängigkeitsstern. So eine hängt auch an ihrem Balkon zu Hause.

Im Gegensatz zu den 27 Angestellten in der Zentrale ist Paluzies Engagement als Präsidentin komplett ehrenamtlich. Die Vereinsstruktur gibt das so vor. Ihren Mann sieht sie seit dem neuen Amt seltener, Kinder hat sie nicht. Ihre wissenschaftliche Karriere an der Wirtschaftsfakultät der Universität von Barcelona hat sie erst mal auf das Nötigste reduziert. Sie hält noch Vorlesungen, hat aber keine Zeit mehr für eigene Forschungsprojekte. Dabei steht sie kurz vor dem Professorinnen-Titel, leitet als erste Frau den Lehrstuhl für Wirtschaftstheorie. Manche sagen, sie könnte auch Rektorin werden.

Jahrelang forschte sie zu den wirtschaftlichen Auswirkungen, die eine Unabhängigkeit Kataloniens hätte, veröffentlichte auch ein Buch dazu. Die Region ist Nettozahler in Spanien und wäre das wohl auch als eigenständiger Staat in der EU. Paluzie wurde als Expertin zitiert, als „mit Zahlen bewaffnet", „kritisch" und „kühl" beschrieben. Zwischenzeitlich war sie auch Mitglied der linken Separatisten-Partei, doch die Parteistruktur habe sie zu sehr eingeschränkt, sagt sie. Ohne es geplant zu haben, führt sie jetzt knapp 100.000 Sympathisant*innen des Vereins ANC, wovon die Hälfte zahlende Mitglieder sind.

Suche nach einer friedlichen Lösung

Eine Gegenbewegung gibt es zwar auch, aber diese bringt nicht so viele Menschen auf die Straße. Sie wirft den Separatist*innen-Parteien und Vereinen vor, das katalanische Volk zu spalten. Elisenda Paluzie verwendet lieber den Begriff Spannung statt Spaltung. Ihrer Meinung nach ist eine friedliche, demokratische Lösung des Konflikts weiterhin möglich.

Die Aktivistin Elisenda Paluzie kämpft für ein unabhängiges Katalonien.

Wenn eine entsprechende Mehrheit im Regionalparlament besteht, könnte sich Katalonien als souveräner Staat erklären. Dann würde sich auch die Spannung auflösen, meint sie: „Es kann sein, dass es einer Minderheit sehr schwerfällt. Aber die meisten werden sich daran gewöhnen. Genauso wie die Separatist*innen sich ja auch jahrelang angepasst haben und nicht den von ihnen gewünschten Staat hatten."

Zwischenlösungen wie einen Föderalismus nach deutschem Vorbild hält sie derweil für unmöglich. Man hört den Frust in ihrer Stimme, wenn sie erklärt, dass sie ja auch selbst früher noch daran geglaubt habe. Aber eine Beziehung zwischen Spanien und Katalonien auf Augenhöhe könne es nur mit zwei getrennten Staaten geben, alles andere ende in Unterdrückung. „Es ist nicht nur eine Frage der Kompetenzen wie in Deutschland. Uns geht es darum, als Nation anerkannt zu werden. Da geht es nicht nur um die äußere Struktur."

Sie erwähnt gern Beispiele wie Tschechien und die Slowakei oder Norwegen und Schweden, um zu erklären, wie sie sich den friedlichen Weg in die Unabhängigkeit vorstellt. Und tatsächlich sind die Demonstrationen der Separatist*innen bisher weitgehend ohne Gewalt verlaufen.

Paluzies Meinung nach muss sich die EU endlich einmischen. „Selbstbestimmung ist ein Recht, kein Verbrechen", sagt sie. In Schottland sei doch auch eine Abstimmung über die Unabhängigkeit der Region möglich gewesen. Notfalls wollen die Separatist*innen vor den Europäischen Gerichtshof für Menschenrechte ziehen. Elisenda Paluzie sagt zum Abschied: „Manche Mitstreiter*innen resignieren bereits. Die politische Unterdrückung schmerzt, aber sie kann uns nicht besiegen. Das ist nicht das Ende unseres Kampfes für die Unabhängigkeit."

Vom Flüchtling zur Sexsklavin

Wie Afrikanerinnen in die Prostitution getrieben werden

Von Helen Hecker, Palermo

Teresa kommt aus Benin City, Nigeria, und zündet sich mit ein paar feuchten Zweigen ein Feuer an.

In Sizilien blüht das Geschäft mit der Sexarbeit von nigerianischen Flüchtlingen. Doch eine Gruppe von ehemaligen Prostituierten aus Benin City kämpft gegen die Ausbeutung der Mädchen und will ihnen neue Perspektiven aufzeigen.

Während die Autos unaufhörlich an Teresa vorbeirasen, bricht sie ein paar Zweige von den Bäumen ab und zündet ein Feuer am Straßenrand an. In Kürze wird es stockfinster. Das Feuer ist der einzige Schutz, den Teresa und die anderen Mädchen im Parco della Favorita haben. Noch vor 200 Jahren waren der Park und der umliegende Wald das königliche Jagdrevier der sizilianischen Stadt Palermo. Heute ist er einer der berüchtigtsten Straßenstriche der Mittelmeerinsel. In knappen Kleidern und High Heels stehen die Mädchen bis zu 14 Stunden an der Straße und verkaufen ihren Körper – teilweise für fünf bis zehn Euro. Ihren richtigen Namen und ihr Alter verschweigt Teresa: „Meine Geschichte geht nur mich etwas an."

Wie die Mehrzahl der jungen Prostituierten kommt sie aus dem verarmten Süden Nigerias, genau genommen aus Benin City. Hier befindet sich seit einigen Jahren der Umschlagplatz für ein schmutziges Geschäft: Mit den Flüchtlingsströmen aus Afrika schleusen kriminelle Netzwerke jährlich Tausende von jungen Frauen nach Europa, um sie dort als Prostituierte anzubieten. Nigeria führt im Vergleich zu anderen afrikanischen Ländern wie Ghana oder Sierra Leone die Rangliste der Herkunftsstaaten an: Laut der Organisation Save The Children stammen rund 70 Prozent der Prostituierten in Italien aus dem bevölkerungsreichsten Land Afrikas.

Allein von 2018 bis 2020 gelangten nach Schätzungen der Uno mehr als 30.000 Frauen und Mädchen aus Nigeria an die Küsten Italiens, 80 Prozent von ihnen werden zu Opfern von Prostitution oder sind einem hohen Risiko ausgesetzt, dies zu erleiden. Eine von 20 der Neuankömmlinge ist zudem minderjährig und oftmals nicht älter als 13 oder 14 Jahre. Wie alt Teresa ist, lässt sich kaum sagen. Das von Narben gezeichnete Gesicht wird von dicker Schminke bedeckt. Sie beteuert, dass sie freiwillig an der Straße stehe, doch aus ihren Augen spricht die Angst, jemanden zu verraten.

Eine Anlaufstelle für Prostituierte

Wenige Kilometer von der Favorita entfernt läuft eine energische Frau in einem spärlich eingerichteten Raum des ehemaligen Klosters Montevergini auf und ab. Ihr Name ist Osas Egbon. Als sie das lange Telefonat beendet, verzieht sich ihr Gesicht zu einer besorgten Miene. Erneut sei ein Schiff mit Hunderten von Flüchtlingen aus Lampedusa am Hafen von Palermo eingetroffen. Darunter seien viele Mädchen, die nun ihre Hilfe benötigten. Hier im Nuovo Montevergini hat die Nigerianerin mit vier weiteren Frauen, die ebenfalls aus Benin City stammen, eine Anlaufstelle für Prostituierte eingerichtet.

Ihr Verein heißt Donne di Benin City – die Frauen aus Benin City. Osas, Sandra, Mercy, Doris und Mama Doris verbindet das gleiche Schicksal: Sie alle kamen vor gut 15 Jahren aus Nigeria nach Italien und arbeiteten auf dem Straßenstrich. Heute bieten sie Opfern der Prostitution eine zentrale Anlaufstelle in Palermo, in der die Mädchen nicht nur frei über ihre Probleme reden können, sondern auch Essen, Kleidung und Beistand erhalten, sobald sie sich dazu entscheiden, bei der Polizei auszusagen.

Osas Egbon, die Präsidentin des Vereins, kam vor rund 20 Jahren von Nigeria nach Italien und arbeitete jahrelang als Prostituierte auf dem Straßenstrich, bis eine italienische Sozialarbeiterin ihr einen Job als Haushälterin verschaffte. Heute will sie nun verhindern, dass noch mehr junge Mädchen dort landen, wo sie einst war. „Unsere einzige Chance, den Teufelskreis zu durchbrechen, ist es, wenn wir uns um die Minderjährigen kümmern“, erklärt Egbon.

Die Mädchen werden von den italienischen Behörden nach ihrer Ankunft in Italien oftmals in staatlichen Jugendheimen untergebracht. Viele von ihnen würden allerdings von dort abhauen, um sich in die Hände ihrer sogenannten „Mamma“ zu begeben. „Mamma“ oder „Madam“ nennen die Mädchen jene Frauen, die das Geld für ihre Reise zahlen, sie nach Europa holen und sie anschließend zur Prostitution zwingen.

Viele junge Nigerianerinnen träumen von Europa

Meist sind die Telefonnummern dieser Frauen der einzige Kontakt, den die Mädchen vor ihrer Abreise erhalten. Manche hätten keine Ahnung, was sie hier erwarte, erklärt Osas Egbon. Ihnen werde versprochen, in einem Restaurant oder einer Schneiderei zu arbeiten. Immer mehr wüssten jedoch, dass sie in Italien ihren Körper verkaufen sollen. Egbon sagt: „Der Süden Nigerias ist bitterarm. Wir haben dort weder das Öl des Ostens noch die Landwirtschaft des Nordens. Es gibt keine Industrie oder Universitäten. Das einzige Kapital sind die wunderschönen Mädchen. Sie träumen vom Leben in Europa und werden teilweise sogar von Verwandten oder Freunden der Familie zur Prostitution angeworben – vor allem dann, wenn ein Elternteil gestorben ist und das Geld nicht mehr ausreicht, die ganze Familie zu versorgen."

Selbst Aufklärungskampagnen, die vom nigerianischen Staat finanziert werden, helfen kaum, den Menschenhandel zu unterbinden. Der psychologische Druck und die Sehnsucht nach einer besseren Zukunft sind auch die Hauptgründe für das Verschwinden der Mädchen aus den italienischen Heimen. „Viele haben Angst; Angst, ihre Familien zu enttäuschen, Angst, nicht die Schulden bei ihrer Mamma begleichen zu können, aber vor allem Angst vor dem Juju", erklärt die 33-Jährige. Juju sei Magie. Ein religiöser Zauber, der vor der Abreise in Nigeria durch ein Voodoo-Ritual heraufbeschworen werde: Bei vielen dieser Rituale entnimmt ein Priester einige Tropfen Blut oder Schamhaare der Mädchen, um sie damit an das Versprechen zu binden, ihrer Madam in Italien zu gehorchen. Wer sich nicht beuge, werde krank, verrückt oder könne sogar sterben, fürchten die Voodoo-Gläubigen.

„Oft werden die Mädchen in Italien von ihrer Familie angerufen und aufgefordert, die Madam zu kontaktieren", berichtet die Nigerianerin. „Ich

Der Glaube an Magie ist in Westafrika fester Bestandteil gesellschaftlichen Handelns.

spreche mit den Verwandten, mache ihnen klar, dass der Zauber niemanden umbringt – es sind die Lügen der Menschenhändler, die unsere Schwestern zu Sexsklavinnen machen.“ Seit mehr als einem Jahr gehört Osas Egbon zum Team eines Jugendheims in der Nähe von Palermo. Mit dem Geld, das sie dort verdient, kann sie ihre eigene Familie gerade so über die Runden bringen. Die Minderjährigen im Heim nennen sie liebevoll „Mamma“ und weigern sich oftmals, ohne sie mit Psycholog*innen und Erzieher*innen zu sprechen. 35 Mädchen konnte sie auf diese Weise im vergangenen Jahr davon abhalten, wegzulaufen.

Ein kleiner Erfolg, der Hoffnung macht, sagt Giuppa Cassarà, Psychiaterin und Spezialistin für Migrationstherapie am polytechnischen Klinikum Palermo. Der Glaube an Magie sei in Westafrika fester Bestandteil des gesellschaftlichen Handelns. Die Ärztin sieht in der therapeutischen Zusammenarbeit mit Frauen wie Osas Egbon einen wichtigen Fortschritt, um dem Menschenhandel die Stirn zu bieten. Die Erzieher*innen fänden meistens keinen Zugang zu den Minderjährigen, weil ihnen das kulturelle Hintergrundwissen fehle.

Osas Egbon hat eine Anlaufstelle für Mädchen errichtet, wo sie Beistand, Essen und Kleidung bekommen.

Osas Egbon arbeitete selbst jahrelang als Prostituierte in Italien, heute kämpft sie mit ihrem Verein gegen Menschenhandel.

„Die Afrikanerinnen gewinnen viel schneller das Vertrauen. Sie sprechen den Heimatdialekt, wissen, was Voodoo bedeutet, und kennen das Trauma, das durch Vergewaltigungen und Erpressung entsteht“, gibt Cassarà zu bedenken. Wichtig sei eine kontinuierliche Begleitung der Mädchen in den Heimen, um ihnen eine neue Perspektive zu geben. Dafür reiche es nicht aus, die Mediatorinnen nur zum Übersetzen zu Hilfe zu rufen. Um sie nachhaltig zu stärken, bedürfe es mehr. Oft mangele es jedoch an Fördergeldern, um die Arbeit von Vereinen wie Donne di Benin City langfristig zu finanzieren.

Durch ein deutsches Boot gerettet

Doch nicht nur die Arbeit mit den Minderjährigen ist für den Verein von Bedeutung. Mit der Anlaufstelle wollen Osas, Doris und Co. vor allem einen Ort der Zuflucht für die Frauen schaffen, die bereits auf dem Straßenstrich arbeiten und denen der Mut zum Ausstieg fehlt. So wie Joy, eine 20-jährige Nigerianerin, die im vierten Monat schwanger ist. Sie hatte in Turin von einer Frau gehört, die ihr helfen könne. Von dort nahm sie die Reise nach

Palermo auf sich, um Osas Egbon zu treffen. Bei ihr fühlte sie sich in Sicherheit und berichtete von ihrer Geschichte.

Sie erzählte von ihrer Reise durch die Wüste, den mit Menschen vollgestopften Tiertransportern, den Vergewaltigungen in Tripoli, von dunklen Kellern, übersät mit Exkrementen, dem missglückten Versuch, das Mittelmeer zu überqueren, und der Rettung durch ein deutsches Boot. Das alles habe sie ertragen – jedoch nicht für ein Leben auf dem Strich. Jetzt war Joy bereit, gegen ihre Peiniger auszusagen. Die Frauen des Vereins erklärten ihr die nächsten Schritte und begleiteten sie zur Polizei.

Wie Joy sind viele der Mädchen schwanger oder haben Kinder. Die Väter sind oftmals gleichaltrige Afrikaner, die im Auftrag der Madam auf die Mädchen „aufpassen". Sie lernen sich in den sogenannten Connection Houses kennen. Diese Wohngemeinschaften sind gleichzeitig eine Art Ersatzfamilie für die jungen Frauen. Dort wird der soziale Gehorsam gegenüber ihrer Madam genährt, weiß Rosaria Maida, stellvertretende Polizeidirektorin in Palermo und Leiterin des Kriminaldezernats für Minderjährige und sexuelle Straftaten. Das System hinter dem Menschenhandel sei nur schwer zu durchbrechen: „Wenn sie in Italien ankommen, haben sie zu niemandem mehr Vertrauen."

Mit den Flüchtlingsströmen schleusen kriminelle Organisationen jedes Jahr Tausende von jungen Frauen nach Palermo, um sie dort in die Billig-Prostitution zu zwingen.

Künftig wollen sie ein Catering mit afrikanischem Essen aufbauen, um eine Alternative zur Prostitution zu bieten.

Schulden bis zu 50.000 Euro

Die Kommissarin arbeitet eng mit Vereinen wie Donne di Benin City zusammen, um gegen die Drahtzieher der Prostitution zu ermitteln. „Ohne die Mithilfe der Frauen ist es fast unmöglich, die Aussagen der Mädchen aufzunehmen oder die Telefonate der Hintermänner abzuhören." Eine Madam kauft laut der Ermittlerin meist zwei oder drei Mädchen, die dann illegal bei ihr leben. Neben den Reisekosten für die Überfahrt nach Europa müssen die Frauen zusätzlich Geld für Miete und Essen bezahlen.

„Die Schulden können sich am Ende auf bis zu 50.000 Euro belaufen", sagt Maida. „Viele haben keine Vorstellung, wie lang es dauert, bis sie eine solche Summe auf dem Straßenstrich abgearbeitet haben." Dahinter stecke ein Schneeballsystem: Viele Madams seien zuvor selbst Prostituierte gewesen. Sobald sie sich freigekauft hätten, würden sie im Auftrag der Mafia neue Mädchen nach Europa holen.

Hinter dem Netzwerk aus Connection Houses und Voodoo-Glaube steckt nach Ermittlungen der Staatsanwaltschaft Palermo eine nigerianische Organisation namens Black Axe. Sie kontrolliert die Prostitution in weiten Teilen

Italiens. Mit der Anklage von 17 Nigerianern bestätigte das Gericht in Palermo 2017 erstmals in der Geschichte eine ausländische Gruppierung als mafiöse Organisation. Die Hochburg der Black Axe befindet sich im Viertel Ballarò. Einige hochrangige Mitglieder konnten hier nur dank der Zeugenaussagen einzelner Mädchen verhaftet werden. „Laut Gesetz steht den Opfern von Menschenhandel eine Aufenthaltsgenehmigung in Italien zu. Sie werden in ein Zeugenschutzprogramm aufgenommen und erhalten Papiere", so Maida. Auch Joy wurde nach ihrer Aussage in eine sichere Unterkunft vermittelt.

Abermals waren es die Frauen des Vereins, die sie dabei begleiteten. Denn das Wichtigste sei, so Egbon, dass die Mädchen nicht allein sind. Sowohl mit ihrer Angst, aufgespürt zu werden, als auch mit dem psychischen Druck, der oftmals über Jahre auf ihnen lastet. Aus diesem Grund hat der Verein ein neues Projekt gestartet: In einer Wohnung außerhalb von Palermo, die als Spende zur Verfügung gestellt wurde, haben die Frauen die erste Wohngemeinschaft für Afrikanerinnen eingerichtet, die den Ausstieg aus der Prostitution wagen.

Allein aus Nigeria gelangten über 11.000 Frauen und 3.000 minderjährige Flüchtlinge 2016 an die Küsten Italiens.

„Hier geben sich die Mädchen gegenseitig Kraft, kochen gemeinsam afrikanische Speisen, beten und fühlen sich im Gegensatz zu den italienischen Heimen ein Stück weit mehr zu Hause“, erklärt Egbon. Doch all das reiche nicht langfristig. Die vielen Mädchen, die noch immer allein auf der Straße seien, brauchten eine Alternative zur Prostitution. „Nur wenn wir ihnen eine Perspektive geben, die sie finanziell von den Repressionen der Madam befreit, haben wir eine Chance“, erklärt sie. In der Favorita fängt es derweil an zu regnen.

Kein Grund für Teresa, nach Hause zu gehen. Ihre Arbeit fängt nun erst an. An manchen Tagen steht sie von morgens acht Uhr bis abends hier, dann gehe sie heim, esse etwas und komme zurück für die Nachtschicht: „Ich wäre nicht hier, wenn ich einen richtigen Job hätte.“ Doch die einzige Fabrik, die in ihrer Heimat wirklich zähle, befinde sich hier, erzählt sie – und zeigt dabei zwischen ihre Beine.

Unsichtbar und unverzichtbar

Der Arbeitskampf indischer Hausangestellter

Von Lea Gölnitz, Neu-Delhi

Neelima Tirkey war selbst lange Hausangestellte und kämpft jetzt für deren Rechte.

Hunderttausende junge Frauen ziehen vom Land in die Großstädte, um als Maids – Hausangestellte – für reiche Inder*innen zu arbeiten. Meistens handelt es sich dabei um Schwarzarbeit: Die Frauen sind nur selten versichert, bekommen weder bezahlten Urlaub noch eine Rente. Im schlimmsten Fall werden sie nicht nur ausgebeutet, sondern auch psychisch, körperlich und sexuell misshandelt.

In den vergangenen Jahren ist in Indiens Großstädten die Nachfrage nach Hausangestellten immer weiter gestiegen. Wer es sich leisten kann, beschäftigt eine oder sogar mehrere Frauen zum Putzen, Kochen und Kinderhüten. Auf der anderen Seite zwingen Armut und Perspektivlosigkeit in den ländlichen Gebieten immer mehr Menschen dazu, wegzuziehen und in den Metropolen nach Arbeit zu suchen. Diejenigen, die keine Ausbildung haben, arbeiten in Privathaushalten und stehen als Dienstmädchen für jede Kleinigkeit zur Verfügung. Das macht den Arbeitstag lang und aufreibend.

Nach Angaben des Domestic Worker Forums sind 95 Prozent der Arbeiter*innen in Privathaushalten Frauen. Eine von diesen Frauen war Neelima Tirkey. Sie kam mit 21 Jahren nach Neu-Delhi, um als Dienstmädchen zu arbeiten. In ihrer Heimat im Bundesstaat Jharkhand, im Nordosten von Indien, lebte ihre Familie in extremer Armut, ohne Aussicht auf Besserung. „Eine Gruppe von Fremden sagte, es gebe Arbeit in Delhi. Ich wusste nicht, was mich erwartete, aber die Situation zu Hause ließ mir keine andere Wahl, als mich darauf einzulassen", erzählt die heute 39-Jährige.

So ergeht es vielen jungen Frauen aus den Bundesstaaten Jharkhand, Orissa, Chhattisgarh, Assam und Westbengalen, wo der Bevölkerungsanteil der sozial benachteiligten niedrigeren Kasten und Ureinwohner*innen besonders groß ist und die Zukunftsaussichten besonders düster sind. „Nur zehn Prozent der Bediensteten aus diesen Staaten kommen durch sichere Migration in die großen Städte. Menschenhandel ist der normale Weg", erzählt Prince Varghese, Projektkoordinator beim Domestic Worker Forum. „Den Frauen werden falsche Versprechungen gemacht: viel Geld, ein Zimmer mit Klimaanlage und Sicherheit." Dabei hatte Tirkey Glück – ihre Vermittlungsagentur stellte sich als hilfreich heraus.

Offiziell arbeiten in Indien mehr als vier Millionen Menschen als Hausangestellte. Die National Platform for Domestic Workers (NPDW), ein Zusammenschluss von Organisationen, der für die Rechte Hausangestellter eintritt, geht von weit höheren Zahlen aus. Schätzungen zufolge arbeiten allein in Neu-Delhi bis zu einer halben Million junge Frauen als Bedienstete bei reicheren indischen Familien, oftmals unter schlechten Bedingungen und für schlechte Bezahlung. Im Durchschnitt verdienen diese Vollzeitkräfte zwischen 8.000 und 10.000 Rupien, das sind umgerechnet zwischen 110 und 140 Euro, im Monat. Der von der Regierung festgelegte Mindestlohn für ungelernte Arbeiter*innen in Neu-Delhi liegt aber bei 13.350 Rupien im Monat.

Hausarbeit bietet vielen Frauen eine Möglichkeit auf eigenes Einkommen und einen Zugang zum Arbeitsmarkt. Die NPDW sieht die Arbeit daher nicht grundsätzlich als ausbeuterisch und schlecht, sondern auch als Chance an – solange die Bedingungen stimmen. Gewerkschaften und Verbände behaupten, dass die gesamte indische Wirtschaft profitiere, wenn dieser Dienstleistungssektor reguliert würde. Ob die Frauen bezahlte Urlaubstage, einen freien Tag oder einen Schlafplatz haben, entscheidet allein ihr*e Arbeitgeber*in.

Ohne Rechtsschutz sind die Hausangestellten vielen Formen von Ausbeutung ausgeliefert. „Neben schlechter Bezahlung und Überstunden haben viele der sogenannten ‚Live-in Maids', die bei ihrem Arbeitgeber wohnen, kein eigenes Zimmer oder nicht einmal einen Schlafplatz, und sie werden oft isoliert", erklärt Projektkoordinator Varghese.

Besondere Herausforderungen im Arbeitskampf für Hausangestellte

Hausarbeit findet an einem, arbeitsrechtlich gesehen, ungewöhnlichen Ort statt – in privaten Haushalten. Das macht eine Kontrolle der Arbeitgeber*innen fast unmöglich. Hinzu kommt, dass Hausarbeit immer noch nicht als offizielle Arbeit anerkannt ist. Dabei unterscheidet sich das Arbeitsverhältnis der Hausangestellten stark von anderen. Dienstmädchen werden als Helferinnen und als Teil der Familie angesehen. Durch diese Sicht werden die Maids weder von Arbeitgeber*innenseite noch von der Politik als offizielle Arbeitnehmerinnen mit Rechten wahrgenommen. Diese ungewöhnliche Situation macht den Arbeitskampf besonders komplex. Traditionelle Rechte wie Mindestlohn und geregelte Arbeitszeiten einzuführen ist daher besonders schwierig.

Hinzu kommt das extreme Machtgefälle. Die reiche indische Mittelschicht, gepaart mit dem Selbstbewusstsein der oberen Kasten, trifft auf ungebildete Frauen vom untersten Rand der indischen Gesellschaft. „Die Arbeiterinnen müssen ihre Rechte kennen und selbstbewusst auftreten. Nur so können wir überhaupt gewinnen. Wir müssen stark sein und mehr Macht gewinnen. Deshalb wollen wir eine Gewerkschaft gründen. Nur organisiert und mit Anerkennung der Regierung haben wir eine Chance“, erklärt das ehemalige Dienstmädchen Neelima Tirkey fest entschlossen.

Von der Hausangestellten zur Gewerkschafterin

Auch sie lebte bei ihren Arbeitgeber*innen und arbeitete sieben Tage in der Woche. Sie musste von fünf Uhr morgens bis mindestens 22 Uhr zur Verfügung stehen und konnte meist erst weit nach Mitternacht schlafen gehen. Völlig überfordert von den Eindrücken der Großstadt und ohne jegliche Ausbildung oder Vorbereitung auf ihre Arbeit war sie viel zu ängstlich und eingeschüchtert, um sich gegen die Ausbeutung zu wehren und mit der Familie über bessere Arbeitszeiten und ein höheres Gehalt zu verhandeln.

An ihren ersten Arbeitstag erinnert sie sich noch genau: „Ich sollte Chapatis (indisches Brot, Anmerkung der Verfasserin) machen, aber ich hatte keine Ahnung. Bei uns zu Hause essen wir nur Reis.“ Sie musste jeden Tag vor allen anderen auf den Beinen sein, das Frühstück zubereiten, aufräumen, den Tisch decken, die Familie am Tisch bedienen, abräumen, abwaschen, das Mittagessen vorbereiten, die Wäsche per Hand waschen, das Abendessen vorbereiten und die Küche sauber machen. Hinzu kam, dass sie keine Privatsphäre hatte und keinen angemessenen Schlafplatz.

Als sie eines Morgens früh aufstand, um zur Kirche zu gehen, sah sie, dass der Sohn ihrer Familie direkt neben ihr auf dem Sofa schlief. Aus Angst vor einem Übergriff vertraute sie sich der Agentur an, die ihre Stelle vermittelt hatte. Die Agentur half ihr, die Polizei wurde eingeschaltet, und sie wurde an eine neue Familie vermittelt. Die positive Erfahrung, Hilfe bekommen zu haben, ermutigte Tirkey bei ihrem Engagement für ihre Rechte. Nach zwei weiteren Jahren als Maid hörte sie ganz damit auf, gründete eine Familie und machte ihr Engagement zum Beruf. Mittlerweile ist sie eine der zehn Hauptverantwortlichen beim Domestic Worker Forum, die den Arbeitskampf in Neu-Delhi organisieren. Die Gruppe trifft sich jeden Montag in den Räumen der Organisation, die von kirchlichen Trägern unterstützt wird, und tauscht sich aus.

In dem Forum sind 4.000 Arbeiterinnen organisiert. Tirkeys Aufgabe ist es, in ihrem Gebiet – Nord- und Nord-West-Delhi – für die Hausangestellten da zu sein. Sie nimmt Beschwerden entgegen, ermutigt die Hausangestellten, erklärt, was sie sich nicht gefallen lassen müssen, und begleitet sie bei Bedarf zum Arbeitsplatz. Die häufigsten Probleme sind laut Tirkey: schlechte Bezahlung, fehlender Kündigungsschutz, kein freier Tag und des Diebstahls beschuldigt zu werden. Die Frauen, die selbst Kinder haben, sehen sie in der Regel nur selten, weil ihnen die langen Arbeitszeiten und unbezahlter Urlaub keine andere Wahl lassen.

Angestellte, die auch an ihrem Arbeitsort wohnen, sind Ausbeutung und Missbrauch am ehesten ausgesetzt. Sie dürfen selten raus und haben kaum freie Zeit, um andere Menschen zu treffen. Auch zu wenig Essen, eine fehlende Gesundheitsversorgung oder Erniedrigungen und Beschimpfungen sind keine Seltenheit. Die meisten Stadtteile Delhis sind in Resident Welfare Organisations zusammengeschlossen, wo Angelegenheiten der Nachbarschaft geregelt werden. „Dadurch können wir die Hausangestellten wenigstens wissen lassen, dass es uns gibt. Gleichzeitig erhöht jede Befreiungsaktion, Demonstration oder ein Streik unsere Sichtbarkeit“, erklärt Tirkey.

Neues Gesetz zum Schutz der Hausangestellten

2011 haben Hausangestellte bei der International Labour Conference einen großen Sieg errungen. Die Konvention für die Rechte von Hausangestellten der International Labour Organization (ILO) wurde von einer Mehrheit der Mitgliedsstaaten verabschiedet. Auch Indien hat die Konvention für mehr Rechte der Hausangestellten unterschrieben, aber noch nicht umgesetzt. Ohne ein nationales Gesetz hätten Hausangestellte aber nach wie vor kaum Hoffnung auf Gerechtigkeit, so die National Platform for Domestic Workers.

Aktivistin Tirkey sagt, Gesetze seien gut und wichtig, und die ILO-Konvention sei hilfreich für ihre Arbeit. Es gebe einen Entwurf, der vieles vorsehe, um das Leben der Maids zum Besseren zu gestalten: soziale Absicherung, eine 48-Stunden-Woche, Mindestlohn, Lohnausgleich für Überstunden, einen freien Tag pro Woche, 15 Urlaubstage im Jahr und eine angemessene private Unterbringung im Haus. Der Entwurf bekam bisher immer noch nicht genügend Unterstützung, und es gibt weiterhin keinen Rechtsrahmen für Hausangestellte. Gleichzeitig weiß Neelima Tirkey auch, dass Gesetze in Indien nicht immer eingehalten werden.

Die Frauen beim Domestic Worker Forum sprechen wöchentlich über ihre betreuten Dienstmädchen.

In den vergangenen drei Jahren hat ihre Gruppe bei 150 Rettungsaktionen Frauen aus Haushalten befreit, in denen sie diskriminiert, verbal oder körperlich misshandelt wurden. Im selben Zeitraum bekamen nur fünf Arbeitgeber*innen eine Anzeige. „Die Reichen und Mächtigen wissen sich zu helfen", erklärt Projektkoordinator Prince Varghese. „Genau deshalb braucht es Initiativen wie unsere, in der sich Hausangestellte organisieren können. Das Ziel ist, den Maids eine Stimme zu geben und ihnen das Selbstbewusstsein zu vermitteln, sich gegenüber ihren Arbeitgebern zu behaupten."

Die wichtigste Errungenschaft des Domestic Worker Forums sieht Aktivistin Tirkey darin, dass die Frauen und ihre Arbeit überhaupt sichtbar gemacht werden und ihnen eine Stimme gegeben wird: „Den Arbeiterinnen helfen zu können, das macht mich stolz und glücklich. Das Kollektiv macht die einzelnen Frauen stärker."

Die stillen Opfer werden laut

Kampf um Gerechtigkeit in Peru

Von Eva Tempelmann, Lima

Vernetzung und politische Forderungen stehen im Fokus des nationalen Treffens der Betroffenen im Februar 2019.

Unter der Regierung des früheren Präsidenten Alberto Fujimori wurden in den späten 90er-Jahren schätzungsweise 300.000 Frauen und 20.000 Männer in Peru zwangssterilisiert. Fujimori nutzte die grausame Form der Geburtenkontrolle als Instrument gegen die Armut. Bis heute kämpfen die Opfer für die Aufarbeitung dieser Verbrechen.

Eines Tages standen zwei Krankenschwestern vor dem Haus von Rute Zúñiga Caceres. Sie müsse unbedingt ins Gesundheitszentrum kommen, sagten sie der jungen Frau, sonst könne ihr neugeborenes Baby nicht registriert werden. Sie ging mit ihnen. Im Zentrum in Anta bei Cusco angekommen, erwarteten sie dort drei weitere Krankenschwestern und ein Arzt. Sie hielten Caceres fest, fesselten sie an Händen und Füßen und sterilisierten sie – ohne zu fragen, ohne Narkose und ohne Nachbehandlung. Das war im Jahr 1999.

Rute Zúñiga Caceres war nicht die Einzige, die man dieser brutalen Prozedur unterzog. Unter der Regierung von Alberto Fujimori wurden in den späten 90er-Jahren laut Schätzungen rund 300.000 Frauen und 20.000 Männer gegen ihren Willen unfruchtbar gemacht. Bis heute warten sie auf eine Entschädigung.

Caceres ist mittlerweile Präsidentin einer Organisation von zwangssterilisierten Frauen, die sich für die Rechte und Entschädigung der Opfer einsetzt. 2015 wurde ihr und 30 weiteren Betroffenen, die sich in der Organisation engagieren, der peruanische Menschenrechtspreis verliehen. „Heute berichten wir darüber, was uns angetan wurde“, sagte die Frau mit dem Filzhut und den langen schwarzen Zöpfen, wie sie Frauen im Hochland tragen, in ihrer Dankesrede. „Wir haben keine Angst mehr.“

Instrument der Armutsbekämpfung

Das, was sich zwischen 1995 und 2001 in Perus Gesundheitszentren abspielte, bezeichnet Amnesty International als eines der schlimmsten Menschenrechtsverbrechen Amerikas. Für den damaligen Präsidenten Fujimori war die grausame Form der Geburtenkontrolle ein systematisches und notwendiges Instrument zur Bekämpfung von Armut. Der Club of Rome, der sich mit Fragen zum Bevölkerungswachstum und zur nachhaltigen Entwicklung beschäftigt, hatte zuvor vor einer Bevölkerungsexplosion gewarnt.

Nach dem langen Bürgerkrieg wollte Alberto Fujimori dem Land einen Wachstumsschub verleihen und gleichzeitig die Armut verringern. Dafür ließ er das im katholischen Peru lange Zeit geltende Verbot von Sterilisierungen aufheben und initiierte das sogenannte Programm für reproduktive Gesundheit und Familienplanung. Demnach sollte die Anzahl der Kinder pro Frau landesweit von durchschnittlich 3,6 auf 2,5 Kinder gesenkt werden.

Als Fujimori sein Familienplanungsprogramm öffentlich vorstellte, pries er die Sterilisation von Männern und Frauen als freiwillige empfängnisverhütende Methode, von der vor allem die arme Bevölkerungsschicht profitieren werde. Er stieß damit auf große Zustimmung: Politikerinnen und Frauenrechtlerinnen freuten sich, dass ihre aus bescheidenen Verhältnissen stammenden Geschlechtsgenossinnen kostenlosen Zugang zu dieser Methode erhielten. Der internationale Währungsfonds, die Weltbank und die Hilfsorganisation United States Agency for International Development (USAID) finanzierten die Kampagne am Anfang.

Ana María Vidal, Leiterin der Nationalen Menschenrechtskommission, unterstützt die Frauen in ihrem Kampf um Gerechtigkeit.

„Niemand konnte damals ahnen, welche Absicht Fujimori hatte", sagt Ana María Vidal, Direktorin der nationalen Menschenrechtskoordination, die mit den Betroffenen zusammenarbeitet. „Denn die Sterilisationen waren alles andere als freiwillig." Unter falschen Versprechungen, Lügen, Androhungen und manchmal mit roher Gewalt seien die Frauen und Männer aus ihren Dörfern in die Gesundheitszentren gebracht und dort gegen ihren Willen unfruchtbar gemacht worden. Die Zwangssterilisierungen trafen vor allem indigene Frauen zwischen 20 und 40 Jahren, die bereits Kinder hatten und in abgeschiedenen Regionen im Andenhochland und im Regenwald lebten.

„Dumme Gebärmaschinen"

Der Umgang mit den Frauen sei menschenverachtend gewesen, sagt Caceres, die mittlerweile Tausende von Geschichten gehört hat, die ihrer eigenen ähneln. Die damals 23-jährige Sabina Huilca zum Beispiel sterilisierte man ohne ihr Wissen nach der Geburt ihres vierten Kindes, einer lang ersehnten Tochter. Sie müsse ins Krankenhaus kommen und gereinigt werden, sagte ihr der Arzt, der kurz nach der Geburt vor ihrer Tür stand.

Die Familie verstand nicht, warum eine Reinigung notwendig sei, folgte aber der Anweisung. Als Sabina Huilca im Krankenhaus aus der Narkose aufwachte, war der Arzt noch dabei, ihr den Bauch zuzunähen. „Damit du nicht mehr wie ein Meerschweinchen gebärst", antwortete ihr eine Krankenschwester Stunden später auf die Frage, was ihr angetan worden sei.

Politiker*innen und Gesundheitspersonal beschimpften die Frauen, die meist Analphabetinnen waren und aus einfachen Verhältnissen kamen, öffentlich und persönlich als „dumme Gebärmaschinen". Etliche Frauen waren bei der Sterilisierung schwanger, erlitten Fehlgeburten oder bekamen ihr Baby nach der Geburt nicht mehr zu Gesicht. Mindestens 18 Frauen starben direkt an den Folgen der Sterilisierung, Tausende leiden bis heute unter den gesundheitlichen Komplikationen der ambulanten Eingriffe, die unter miserablen hygienischen Bedingungen stattfanden.

Als Randgruppe der peruanischen Gesellschaft – Frauen, indigen, Quechua sprechend – wurden sie sogenannte stille Opfer, vom Staat diskriminiert und von ihren Ehemännern und Gemeinden verstoßen, weil sie in der patriarchalischen Gesellschaft der Anden als Frauen, die keine Kinder bekommen und nicht arbeiten konnten, als nutzlos galten.

Sabina Huilca beispielsweise wurde nach dem Eingriff schwer krank. Die Wunde infizierte sich, die Schmerzen im Unterleib seien unerträglich gewesen, erzählt die heute 41-Jährige. Feldarbeit habe sie keine mehr leisten können. „Für unser Familienleben wurde das zu einer großen Belastung." Ihr Mann habe immer häufiger zum Alkohol gegriffen.

Die indigene Menschenrechtsaktivistin und spätere Politikerin Hilaria Supa Huamán wohnte damals in der Nähe der Huilcas. Ihr fiel der schlechte Gesundheitszustand ihrer Nachbarin auf. „Du musst reden, Sabina, du bist nicht das einzige Opfer", sagte sie der jungen Frau, die schließlich einwilligte, ihre Geschichte öffentlich zu machen. Bereits ab 1997 sammelte Supa, damals

Anführerin einer indigenen Bauernbewegung, Aussagen von Betroffenen in Quechua und ließ diese der peruanischen Rechtsanwältin Giulia Tamayo zukommen.

Sterilisierungsquoten mussten erfüllt werden

Tamayo war eine der Ersten, die die Zwangssterilisierungen als Verbrechen gegen die Menschlichkeit öffentlich anprangerte. In ihrem Bericht „Nada Personal", zu Deutsch: „Nichts Persönliches", beschrieb sie die haarsträubenden Methoden des vermeintlich menschenfreundlichen Programms. Nach der Veröffentlichung des Berichts 1998 bekam sie immer wieder Morddrohungen und ging schließlich ins Exil nach Spanien.

Die Eingriffe, schrieb Tamayo damals, fanden zu mehr als 90 Prozent unter Zwang oder durch betrügerische Beratungen statt. Um die Kosten niedrig zu halten, wurden Narkosemittel aus der Tiermedizin eingesetzt. Oftmals nahmen Krankenschwestern oder Studierende der Medizin die Eingriffe vor. Gleichzeitig erlegte die Regierung den Gesundheitszentren und deren Personal Sterilisierungsquoten auf. Der Präsident sei persönlich jeden Monat von

Die Opfer von damals werden plötzlich laut.

den Dienststellen der Gesundheitsminister über die Zahl der Sterilisierungen informiert worden. Wurden die Quoten nicht erfüllt, drohte dem Personal die Kündigung. Für jede Sterilisierung gab es eine Belohnung zwischen vier und zehn US-Dollar.

Nach der Publikation von Tamayos Bericht gab es erste Untersuchungen. Die Entwicklungsgelder aus den USA, die das Familienplanungsprogramm bis dato unterstützt hatten, wurden eingestellt. Zunächst stritt die Regierung Fujimoris jegliche Verantwortung für die Sterilisierungen ab, aber als die finanzielle Hilfe auch von anderen Organisationen ausblieb, nahm die Regierung schließlich Abstand von ihrem Quotensystem und zuletzt auch von ihrem Sterilisierungsprogramm.

Ein Verband, der mehr als 7.000 offiziell registrierte Opfer vertritt, strebt seit Jahren eine Klage gegen Fujimori und seine damaligen Gesundheitsminister an. Doch der Ex-Präsident floh im Jahr 2000 wegen eines Korruptionsskandals nach Japan und legte von dort aus sein Amt nieder. 2009 wurde er wegen mehrerer Menschenrechtsverletzungen und Korruption zu 25 Jahren Haft verurteilt. Alle bisherigen Anläufe, Fujimori zu den Sterilisierungen juristisch zu belangen, blieben jedoch erfolglos.

Die Staatsanwaltschaft lehnte die Klage des Verbandes wegen vermeintlich fehlender Beweise immer wieder ab. Dabei liegen den Jurist*innen 200 Bände mit Anklageschriften und Indizien vor. Einige wenige Ärzte haben sich zuletzt sogar getraut, auszusagen, dass die Sterilisierungen politisch angeordnet wurden. Die vielen Männer, die damals ebenfalls sterilisiert wurden, halten sich hingegen mit ihren Klagen zurück. „Sie haben zu viel Angst", glaubt Hilaria Supa.

Neues Gesetz als erster Schritt

Auf nationalen und internationalen Druck hin erließ der damalige Präsident Ollanta Humala 2015 schließlich ein Gesetz zur Registrierung der betroffenen Frauen. Ana María Vidal, Leiterin der Nationalen Menschenrechtskommission, begrüßte das Gesetz als einen ersten Schritt zu mehr Gerechtigkeit. Aber es greife zu kurz, kritisiert sie, denn es besage nur, dass die Frauen nun gerichtlich Klage gegen den Staat erheben und staatliche Unterstützung für die Anwaltskosten und für psychologische und gesundheitliche Behandlung bekommen könnten. Aber es handele sich um einzelne Verfahren, die mehrere Jahre dauern könnten.

Rute Zúñiga Caceres ist eine der vielen Frauen, die gegen ihren Willen sterilisiert wurden.

Was immer noch fehle, sei die politische Anerkennung der Massivität der Eingriffe, der systematischen Durchführung der Sterilisationen auf Befehl von ganz oben. „Es muss dringend eine Politik für integrale Wiedergutmachung geben", sagt Vidal. Dazu gehöre, dass die Frauen über ihre Rechte informiert würden und einen Anspruch auf umfassende wirtschaftliche Entschädigung bekämen, auf Umschulung, Einkommensprogramme und eine professionelle ärztliche Behandlung – „und zwar nicht in den Gesundheitszentren, in denen die gleichen Leute sitzen, die damals die grausamen Sterilisierungen durchgeführt haben".

Auf Drängen nationaler Menschenrechtsorganisationen hat die Staatsanwaltschaft Ende 2018 Fujimori und drei seiner damaligen Gesundheitsminister für die Zwangssterilisierungen erstmals angeklagt. Für die Betroffenen ist das ein Lichtblick auf ihrem langen Weg zur Gerechtigkeit. „20 Jahre nach diesen Verbrechen warten wir noch immer auf eine Wiedergutmachung dessen, was uns angetan wurde“, sagen Rute Zúñiga Caceres und Sabina Huilca. Sie dürfen zuversichtlich sein: Am 3. März 2022 hat der Prozess gegen die drei früheren Gesundheitsminister begonnen.

Freiheit auf Rollen

Afroamerikanerinnen treiben Rollschuh-Revival an

Von Marinela Potor, Cincinnati

Für Brittney Smith und viele andere wie eine zweite Familie: die Skate-Gemeinschaft The Place.

Rollschuhfahren erlebt in den USA derzeit ein Comeback. Angetrieben wird der Trend vor allem von Afroamerikanerinnen. Denn: Sie sehen darin ein kulturelles Erbe und ein lang erkämpftes Recht auf Freiheit.

Sobald Brittney Smith ihre Rollschuhe anzieht und aufs Parkett tritt, hält sie nichts mehr. Die Afroamerikanerin wirbelt im Kreis, fährt vorwärts, rückwärts, seitwärts und tanzt ohne Hemmungen zu einem R&B-Lied, das der DJ auflegt. Es ist Ü-30-Abend in der Rollschuharena The Place in Cincinnati im US-Bundesstaat Ohio. Neben Smith tummeln sich hier zahlreiche andere Rollschuhbegeisterte. Die Mehrheit ist afroamerikanisch. Viele kommen schon seit Jahren hierher – und alle kennen sich.

Es werden Begrüßungen ausgetauscht, neue Rollschuhe begutachtet und vor allem wird gemeinsam gefahren und getanzt – soweit sich das in Coronazeiten umsetzen lässt. Die Atmosphäre erinnert an ein fröhliches Familienfest, und es ist genau dieses Gemeinschaftsgefühl, das Brittney Smith schätzt: „Wir alle kennen und lieben uns. Die Menschen hier sind deine Familie außerhalb deiner eigenen Familie." Smith studiert Geschichte an der University of Cincinnati und schreibt gerade ihre Doktorarbeit. Sie hat zwei Kinder und arbeitet neben dem Studium in einem Vollzeitjob.

In ihrem hektischen Alltag bietet ihr das Rollschuhfahren die einzige Möglichkeit zum Abschalten. Das macht sie viermal die Woche bei verschiedenen Erwachsenenabenden, darunter auch bei The Place. Brittney Smith skatet zwar regelmäßig auch mit ihren Kindern, aber diese Abendstunden sind als „mentaler Raum" nur für sie reserviert. Sie erklärt: „Wenn ich Rollschuhe anhabe, denke ich nicht über die Probleme in meinem Leben nach. Es ist so, als würden all meine Sorgen beim Skaten weggewaschen werden. Ich kann mich vollständig in einer Bewegung, in einer Technik, in einem Lied verlieren. Das macht süchtig!"

Afroamerikaner*innen mussten sich das Recht auf Rollschuhfahren erkämpfen

Freiheit. Freude. Familie. Diese Begriffe fallen immer wieder in Gesprächen mit Rollschuhfahrer*innen an diesem Abend. Insbesondere für Afroamerikaner*innen ist es mehr als nur eine Freizeitbeschäftigung. Es ist ein Recht, das sie sich hart erkämpfen mussten. Denn nicht immer gab es Orte, wo sie so willkommen waren, wie sie es heute in The Place sind. Als der Sport in den USA in den 30er-Jahren an Beliebtheit gewann, steckte die Nation noch mitten in der Jim-Crow-Ära. Brittney Smith beschreibt diese Zeit als „100 Jahre Rassentrennung nach der Abschaffung der Sklaverei im Jahr 1865".

Die Grundidee der Jim-Crow-Gesetze war, auch ohne Sklaverei weiterhin exklusiv Weiße Orte und Aktivitäten beizubehalten. Das bedeutete im Umkehrschluss: Schwarze Menschen davon auszuschließen. „In der geschichtlichen Aufbereitung sprechen wir oft von der Rassentrennung in der Erziehung oder in öffentlichen Räumen. Doch wir vergessen, dass auch die Freizeit von Rassentrennung geprägt war", so Smith. Afroamerikaner*innen durften in dieser Zeit vielerorts nicht ins Kino oder in Parks – und auch nicht Rollschuh fahren.

Es habe zwar ihrer Kenntnis nach kein Gesetz gegeben, das dies ausdrücklich verboten hätte, doch Afroamerikaner*innen wurden laut Smith schlicht nicht in die Arenen eingelassen. Da sie sich das Skaten jedoch nicht verbieten lassen wollten, schafften sie ihre eigenen Räume. In Chicago etwa gab es den Nachtclub Savoy, der an bestimmten Tagen Rollschuhfahrer*innen auf die Tanzfläche ließ. Schwarze Kirchen installierten zwischen Kirchenbänken Rollschuhbahnen für die Gemeindemitglieder. Viele Menschen bauten ihre Keller oder Wohnzimmer um und trafen sich hier zum Skaten.

Subkultur aus Mode, Musik und Tanz

So entstand mit der Zeit eine lebendige Subkultur. Afroamerikaner*innen begannen überwiegend zu Funk und R&B zu fahren und entwickelten dabei regionale Stile. Ohio ist etwa für den sogenannten Shuffle bekannt, eine Art rhythmisches Wippen. In Chicago wiederum gibt es den JB-Stil, weil dort die Musik von James Brown besonders beliebt ist, und St. Louis hat den Gesellschaftstanz auf Rollschuhen perfektioniert.

Weil viele Schwarze Skater*innen sich die teuren Rollschuhe nicht leisten konnten, bauten sie diese aus ihren Straßenschuhen. Daraus entwickelte sich sogar ein eigener Modestil. Wer etwas auf sich hielt, kam mit selbst designten Modellen in die Arena. In den 80er- und 90er-Jahren fand schließlich Hip-Hop-Musik Einzug in die Schwarze Skate-Kultur. Kunstschaffende

Beim Rollschuhfahren kann Brittney Smith wirklich abschalten.

wie Dr. Dre, Queen Latifah oder Salt-N-Pepa begannen ihre Karriere in Rollschuharenen.

Nicht-Weiße Gäste waren nicht willkommen

Doch selbst zu dieser Zeit, als Rassentrennungspraktiken schon lange illegal waren, war es für Afroamerikaner*innen nicht leicht, Orte für ihr Hobby zu finden. Denn die meisten Rollschuharenen waren nach wie vor in der Hand von Weißen Besitzer*innen, und viele von ihnen wollten keine Afroamerikaner*innen in ihren Hallen. So fanden sie legale Mittel und Wege, um Nicht-Weiße Gäste auszuschließen. Ein Mechanismus, den unter anderem der Dokumentarfilm „United Skates“ aufgedeckt hat.

Demnach spielten einige Arenen bewusst keinen Hip-Hop, Soul oder R&B, und als Schwarze Skater*innen begannen, Kopfhörer mitzubringen und zu ihrer eigenen Musik zu fahren, wurde sogar dies verboten. Oftmals war auch der Einlass mit selbst gestalteten Rollschuhen nicht gestattet, genauso wenig wie das Bilden von Tanzformationen. All diese Verbote, die sich explizit gegen die Schwarze Skate-Kultur richteten, begründeten die Arenen mit Sicherheitsbedenken. Den afroamerikanischen Skater*innen signalisierten sie damit aber: Ihr seid hier mit eurer Art zu skaten nicht erwünscht.

Das ist teilweise auch heute noch der Fall. Deshalb ist Brittney Smith dankbar, dass es in ihrer Region ungewöhnlich viele Rollschuharenen gibt, die Schwarze Skater*innen willkommen heißen. Dazu gehört auch die Arena Skateway in Middletown, einem kleinen Ort, etwa 50 Kilometer nördlich von Cincinnati. An einem Freitagabend tummeln sich hier unter einer leuchtenden Discokugel rund 100 Rollschuhbegeisterte, überwiegend im Alter zwischen 12 und 16 Jahren. Heute sind vor allem Weiße Skater*innen da. Doch die Besitzerin Linda Rall wirbt ganz bewusst auch um Schwarze Kund*innen.

Eine Branche kämpft ums Überleben

„Seien wir ehrlich, es sind die afroamerikanischen Skater, die unsere Arenen am Leben erhalten", sagt sie. Denn während die afroamerikanische Skate-Gemeinschaft die Rollschuhkultur über Generationen hinweg stolz aufrechterhalten hat, ist das Hobby unter Weißen US-Amerikaner*innen fast ausgestorben. Die Branche kämpft damit auch teilweise ums Überleben. „Wer eine Rollschuharena betreibt, wird damit nicht reich. Es ist sehr viel Arbeit und nicht viel Geld", stellt Linda Rall daher klar. „Ich mache das seit über 30 Jahren, weil ich das Rollschuhfahren liebe. Es macht mir Freude, mit meiner Arena etwas an die Gemeinschaft zurückzugeben und einen Ort zu bieten, an dem alle einfach Spaß haben können."

In ihren 30 Jahren in der Branche hat Rall viel miterlebt. Als sie etwa 1988 ihre erste Rollschuharena in einer überwiegend Schwarzen Nachbarschaft in der Stadt Dayton übernahm, standen wenige Jahre später die Behörden vor der Tür: Rall sollte gefälligst ihre Arena schließen. „Die Stadt wollte die Schwarze Bevölkerung vertreiben und den Stadtteil in ein wohlhabendes Viertel mit höheren Steuereinnahmen verwandeln." Unternehmen mit überwiegend Schwarzer Kundschaft waren nicht mehr erwünscht. So musste Linda Rall ihr Grundstück verkaufen und ihr Unternehmen nach Middletown verlegen. Damit steht sie nicht allein da.

Rollschuharenen bringen einer Stadt nicht so viele Steuergelder wie ein Baumarkt oder eine Einkaufsmeile. Immer mehr geraten daher durch angepasste Flächennutzungspläne in Bedrängnis. Während es 1980 noch rund 3.000 Arenen in den USA gab, musste bis 2010 fast die Hälfte davon schließen, schreibt Steven Riess in seinem Buch „Sports in America". Aktuell gibt es nur noch etwa 1.000 Arenen, schätzt die Organisation Roller Skating Association International. Linda Rall ist eine der wenigen, die sich trotzdem über Wasser halten konnte. Doch dann kam Corona.

Für Brittney Smith und andere Afroamerikaner*innen ist Rollschuhfahren mehr als eine Freizeitbeschäftigung.

Corona macht Rollschuhfahren zum Trendsport

Die Pandemie und die damit verbundenen Lockdowns trafen Rollschuharenen wie Skateway zunächst sehr hart. Gleichzeitig entdeckten viele junge Menschen im Zuge von geschlossenen Discos, Cafés und Fitnessstudios das Rollschuhfahren als straßentaugliche Freizeitaktivität. So sind Rollschuhe in den USA seit 2020 Mangelware. Insbesondere Schwarze und Braune Frauen treiben diese Entwicklung an. US-Influencerinnen wie Mala Muñoz oder Liliana Ruiz etwa sorgten mit viralen Social-Media-Videos dafür, dass Rollschuhfahren unter Jugendlichen als neue Trendsportart gilt.

Und in den Arenen ist es eine zunehmende Zahl von Schwarzen Frauen wie Brittney Smith, die einen Ausgleich zum Familien- und Berufsleben sucht – und so wieder zum Rollschuhfahren findet. Dieser Trend bekräftigt Brittney Smith in ihren Plänen, ihre eigene Arena zu eröffnen. Sie wäre damit die erste Schwarze Besitzerin einer Rollschuharena in Cincinnati und die zweite in ganz Ohio.

Wie auch Rall geht es Smith dabei weniger ums Geldverdienen. Vielmehr möchte sie der afroamerikanischen Gemeinschaft ihrer Stadt einen Ort bieten, an dem sowohl Erwachsene als auch Kinder Sport treiben und Spaß haben können. Nach dem Motto „Black Joy Matters“ will Brittney Smith einen Raum schaffen, an dem sich alle wohlfühlen können und niemand verurteilt wird. Sie sagt zum Abschied: „Du kannst so sein, wie du wirklich bist. Rollschuhfahren ist Freiheit auf Rollen!“

Ein aufsässiges Herz

Lin Ya-hsuan stemmt die Welt auf zwei Rädern

Von Carina Rother, Taipei

Lin Ya-hsuan beim Training.

Seit 20 Jahren nimmt Lin Ya-hsuan an internationalen Para-Wettkämpfen teil. Ihre Karriere begann zu einer Zeit, als Behindertensport in Taiwan noch kaum gefördert wurde. Heute genießt die Sportlerin die steigende Aufmerksamkeit und erzählt ihre Geschichte an Schulen und Universitäten.

Lin Ya-hsuan (chinesischsprachige Namen werden entsprechend der originalen Schreibweise mit „Nachname Vorname" angegeben, Anmerkung der Verfasserin) ist beim Training, wie fast jeden Tag. Die zierliche Frau mit den breiten Schultern bringt sich auf einer schwarzen Liege in Position. Ihre schmalen Beine fixiert sie mit einem Gurt, einen zweiten, breiten Riemen zurrt sie zur Stabilisierung fest um die Taille. Neben der Bank steht ihr Rollstuhl.

In einem kleinen Trainingszentrum in der westtaiwanischen Millionenstadt Taichung bereitet sich die Gewichtheberin auf den nächsten Wettkampf vor. Es wird ihr sechster World Cup. Eben erst ist Lin aus Tokio zurückgekommen, von ihrer sechsten Paralympiade. Dort stemmte sie 78 Kilo; Platz sieben in ihrer Gewichtsklasse.

Der Sport sei für sie ein Weg, sich zu beweisen und die Welt zu sehen, sagt die 45-Jährige. Dass das sogenannte Powerlifting immer noch als unweiblich gilt, ist ihr egal: „Die Leute sagen, dass du davon kräftige Arme kriegst. Aber ich bin auf die Kraft meiner Arme angewiesen. Für mich hat es Vorteile. Bei den Wettkämpfen merkst du auch, dass Gewichtheberinnen besonders selbstbewusst sind – einfach cool."

Die Athletin schiebt sich unter ihre Langhantel. Hinter ihr steht Trainer Eddie Chang, der eine 20 Kilo-Scheibe nach der anderen an der Hantel befestigt. Er ist beeindruckt von Lins Motivation: „Sie hat einen starken Willen, und das zeigt sich auch im Training. Sie hält durch, auch wenn es mal unangenehm ist." Dass sie sich heute mit Spezialtraining und Jahresstipendium auf die Wettkämpfe vorbereiten kann, war lange nicht selbstverständlich.

Nicht aufgeben trotz ungleicher Chancen

„Als ich 2000 bei meinen ersten Paralympics in Sydney war, hatte Japan bereits Live-Berichterstattung vor Ort. Damals wünschten wir uns, dass es das für Taiwan eines Tages auch geben würde.“ Ihr Wunsch sollte erst 2021 in Erfüllung gehen. Dazwischen lagen viele Jahre, in denen sich die Athletin ihre Wettkampfvorbereitung selbst finanzierte. Nur für drei Monate vor der Abreise gab es ein Stipendium. Auch die Ausrüstung der behinderten Olympiateilnehmer*innen war schlechter als die der nicht behinderten.

Sie beschwerte sich bei Taiwans Olympischem Komitee: „Es ging uns nicht um die Gegenstände, sondern darum, dass wir gleichbehandelt werden wollten. Wir sitzen zwar im Rollstuhl, aber wir sind doch trotzdem Athleten.“ Viele ihrer Mitstreiter*innen hätten wegen mangelnder Mittel aufgeben müssen: „Wenn sich Realität und Träume nicht vereinbaren lassen, wird man sich immer für die Realität entscheiden.“ Aber Lin Ya-hsuan hat Kampfgeist. Schon als Schülerin nahm sie täglich mehrere Stunden Fahrtzeit zu einem Trainingszentrum in Kauf, das auf ihre Bedürfnisse zugeschnitten war.

Die taiwanische Gewichtheberin Lin Ya-hsuan war 2000 erstmals bei den Paralympics in Sydney dabei, seitdem trainiert sie hart für eine Medaille.

Später finanzierte sie ihre Wettkampfvorbereitung durch Vollzeitarbeit. Erst in den vergangenen zwei Jahren, sagt Lin, hätten sich die Umstände für behinderte Profisportler*innen in Taiwan klar verbessert: „Seit den Asien-Spielen 2018 ist die Wertschätzung merklich gestiegen. Es gab Umstrukturierungen im Olympischen Komitee, und auch die Sportabteilung des Bildungsministeriums nimmt uns stärker wahr. Unser Standard wird langsam an den der Olympiateilnehmer*innen angeglichen.“ Das ist auch dringend notwendig, wenn Taiwan weiter mithalten will; denn dass Behindertensport in anderen Ländern längst ein Profigeschäft geworden ist, merkt die Athletin bei internationalen Wettkämpfen seit Jahren.

Keine Aussicht auf Medaillensieg

Im Trainingszentrum in Taichung gibt ihr Trainer das Startzeichen. Lin hebt die schwere Stange aus der Halterung, senkt sie über der Brust ab und stemmt sie nach oben. Erst 70 Kilo, dann 80. Im Training auch 90, um die Angst vor den schweren Gewichten zu überwinden. Für das paralympische Siegertreppchen hat es trotzdem noch nie gereicht. Der Hauptgrund: die Gruppeneinteilung bei Para-Wettkämpfen. In den meisten Disziplinen wird nach Behinderungsgrad unterteilt.

Im Powerlifting treten stattdessen alle Athletinnen derselben Gewichtsklasse gegeneinander an. Dadurch müsse sie als Querschnittsgelähmte vom vierten Brustwirbel abwärts mit Kleinwüchsigen und Gehbehinderten konkurrieren – die könnten die Kraft aus der Hüfte nutzen, die ihr fehle. „Als ich das festgestellt habe, war ich sehr traurig. Inzwischen ist es mir egal. Ich konkurriere einfach mit meiner eigenen Leistung.“ Lin Ya-hsuan ist keine, die hinschmeißt.

Als sie mit drei Jahren aus dem vierten Stock stürzte und dabei ihr Rückgrat irreparabel verletzt wurde, schien ihr Schicksal im konservativen Taiwan der 80er-Jahre besiegelt: „Als Kind dachte ich, ich müsste mein ganzes Leben zu Hause verbringen. Das gesellschaftliche Umfeld damals, die öffentlichen Verkehrsmittel – nichts war auf uns ausgelegt.“

Sie kommt aus einfachen Verhältnissen, arbeitete nach dem Schulabschluss erst in einem Verlag, dann in einer Fabrik. Die herzliche, kontaktfreudige Frau tat sich anfangs schwer in der Arbeitswelt: „Mir fehlte das Selbstbewusstsein, weil da der Unterschied so sichtbar war und ich vieles nicht machen konnte. Das ging so weit, dass ich ablehnte, wenn Kolleginnen mit mir weggehen wollten, weil ich ihnen keine Umstände machen wollte.“

„Aber ich habe ein aufsässiges Herz. Innerlich fand ich immer, das kann doch nicht sein.“ Ihr größter Wunsch: eine Auslandsreise. Aber kein*e Reiseveranstalter*in wollte sie mitnehmen, obwohl sie das Geld zusammenhatte – zu umständlich, hieß es. Schließlich fand sie einen zeitlich flexiblen Bürojob und konnte sich nebenher auf ihr Training konzentrieren. Die Gewichtheberin qualifizierte sich 1999 für die World Wheelchair Games in Neuseeland und nimmt seither mehrmals pro Jahr an weltweiten Wettkämpfen teil. So wurde schließlich der Sport ihr Ticket, um die Welt zu sehen.

Das Training ist zu Ende. Die Athletin schwingt sich von ihrem Rollstuhl auf den Motorroller, der vor der Tür auf sie wartet – das gängigste Fortbewegungsmittel in Taiwan. Ihrer ist behindertengerecht umgebaut, mit zwei Hinterrädern und einer Rollstuhlhalterung neben dem Lenkrad. Die eigene Mobilität sei ihr Schlüssel zur Freiheit. Überhaupt habe sich in Taiwan viel getan: „Inzwischen haben von zehn Gebäuden acht einen Behinderteneingang. Egal, wo du hinkommst, es gibt überall einen Behindertenparkplatz.“

Sie saust durch die Straßen auf dem Weg zu ihrem nächsten Termin. Eine Mittelschule hat sie eingeladen, von ihrem Leben zu erzählen. Seit sieben Jahren geht Lin mit ihrer Geschichte in Schulen und Universitäten, Unternehmen und Vereine. Ihre Botschaft: Niemals aufgeben! Für ihr Engagement erhielt sie 2021 den präsidialen Bildungspreis. Seitdem sind die Anfragen noch zahlreicher geworden.

Heute hat Chen Yu-jie von der Eden-Wohlfahrtsstiftung den Vortrag organisiert. Die Stiftung kooperiert schon lange mit der Motivationsrednerin: „Sie ist bereit, über ihre persönlichen Umstände zu reden. Sie kann ganz unaufgeregt über diese Dinge sprechen und ermutigt damit andere Menschen, auch ihre Träume zu verfolgen. Das ist sehr wertvoll“, findet Chen.

Für mehr Verständnis und Durchhaltevermögen

Die Motivationsrednerin freut sich, als sie in der Aula der Mittelschule ankommt und drei eigens eingezeichnete Stellplätze für Rollstühle vorfindet, auf dem Boden vor den regulären Sitzplätzen. Dann trudelt auch schon ihr Publikum ein, rund 100 pubertierende Jungen und Mädchen in blauen und pinken Trainingsanzügen. Zwei Stunden lang lauschen sie angeregt dem Vortrag dieser Frau vor ihnen im Rollstuhl, die schon überall auf der Welt war, sich mit den Besten ihrer Disziplin misst und ihnen heute zwei Dinge vermitteln möchte: Mut zum Durchhalten und Respekt.

Regelmäßige Vorträge an Schulen gehören heute für sie dazu.

Respekt gegenüber Menschen, die andere Voraussetzungen haben als die meisten. Großes Gelächter, als Lin den Kindern in einem Rollenspiel vermittelt, wie es sich anfühlt, die eigenen Beine nicht benutzen zu können. Aber auch der Aha-Moment ist spürbar im Raum und die Bewunderung. Eine Zehntklässlerin, selbst im Schulclub für Gewichtheben, resümiert: „Sehr beeindruckend. Sie hatte es schwer und hat trotzdem immer weitergemacht.“

Die Rednerin freut sich über die Aufmerksamkeit der Kinder. Sie hat viel zu tun dieser Tage, die Anfragen für Vorträge, das Training für die Wettkämpfe, und ein Studium der Japanologie hat Lin Ya-hsuan auch noch begonnen: „Ich mache jetzt nur noch das, was mir selbst Freude bereitet. Dann habe ich später, wenn ich alt bin und mich nicht mehr bewegen kann, viele schöne Erinnerungen und weiß, dass ich mein Leben nicht vergeudet habe.“

„Wach auf, dein Kind ist jetzt weg"

Von Misshandlungen, Zwangsadoptionen und toten Säuglingen

Von Mareike Graepel, Dublin

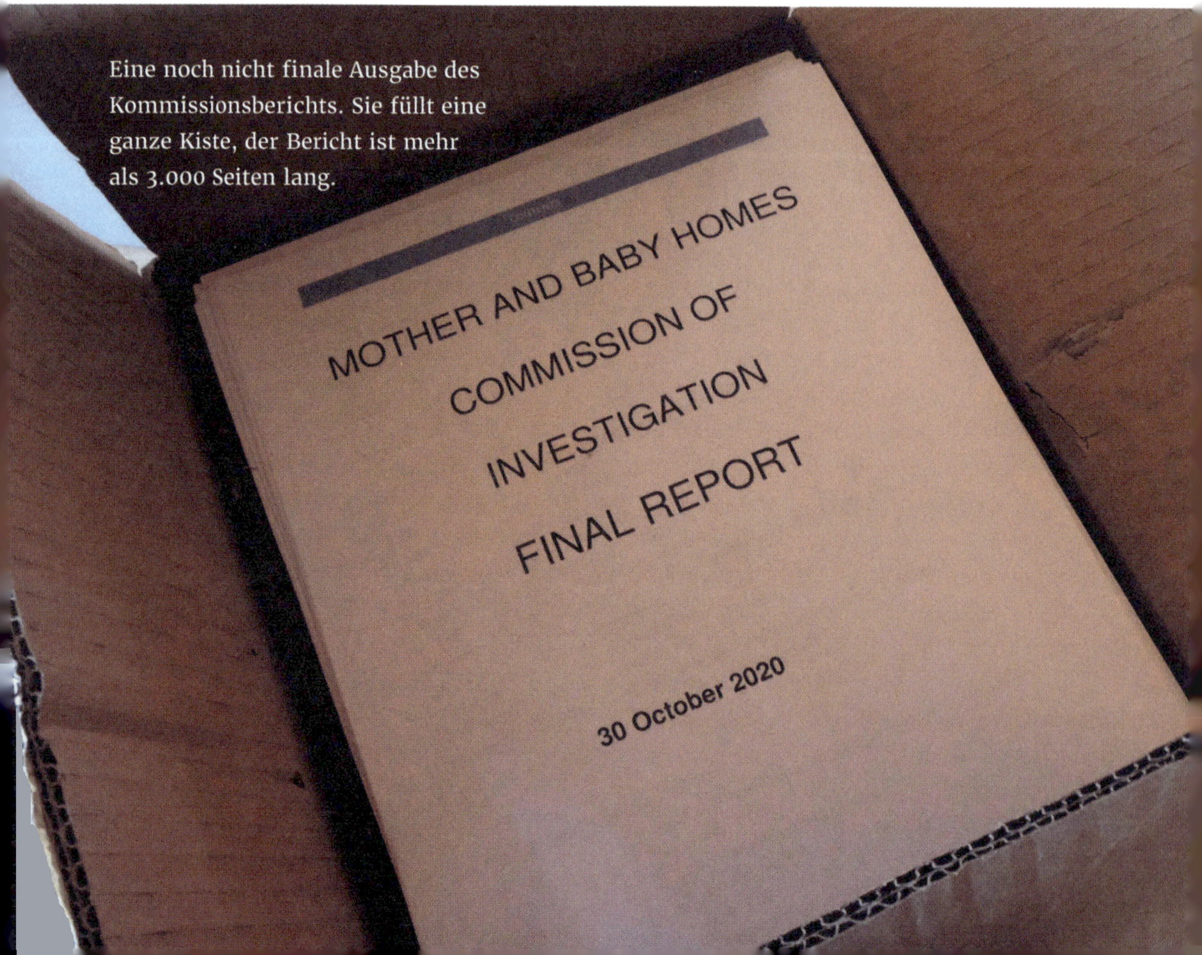

Eine noch nicht finale Ausgabe des Kommissionsberichts. Sie füllt eine ganze Kiste, der Bericht ist mehr als 3.000 Seiten lang.

Bis 1998 wurden mehr als 50.000 Irinnen in Mutter-und-Baby-Heimen ihre Kinder weggenommen. Unverheiratet schwanger zu sein galt im erzkatholischen Irland als unverzeihliche Schande – und die Kirche war so mächtig, dass sie allein über die Zukunft der Babys entschied. Eine unabhängige Kommission sollte 2021 für Aufklärung sorgen, doch der Bericht gilt als lückenhaft und unvollständig.

In Irland waren Verhütung und Abtreibung lange verboten, Sex vor der Ehe war nicht erlaubt, Aufklärung praktisch nicht existent. Bei ungeplanten Schwangerschaften galt die Frau als die Schuldige an ihrem Zustand – egal, ob das Baby von ihrem Freund war, in einem Abhängigkeitsverhältnis oder durch eine Vergewaltigung oder Missbrauch entstand. Wer nicht illegal im Ausland die Schwangerschaft beenden wollte oder konnte, hatte im von Kirche und Tradition bestimmten Gefüge der irischen Familie keine Wahl: Der Priester wurde informiert. Er entschied, ob die Frauen verstoßen werden sollten oder in eines der 18 katholischen Mutter-und-Baby-Heime gebracht wurden.

In dem Spielfilm „Philomena" spielt Judi Dench eine Frau, die es erst im hohen Alter schafft, Details über ihren Sohn herauszufinden, den sie 1951 im sogenannten Sean Ross Abbey Mother and Baby Home zur Welt brachte. Er wurde gegen ihren Willen nach Amerika verkauft – für umgerechnet 910 Euro. Drei Mal reiste er als Erwachsener vergeblich nach Irland, um seine Mutter zu finden. Als Philomena Lee ihn 2003 endlich ausfindig macht, ist es zu spät. Er starb bereits 1995.

Frauen konnten nicht einfach gehen

Was wie Fiktion klingt, ist bestürzende Realität: Zwischen 1922 und 1998 brachten 56.000 unverheiratete irische Mütter Kinder zur Welt, die ihnen nach der Geburt weggenommen wurden. Philomena Lee war eine davon. Aktuell hat sie mit acht anderen Frauen am Obersten Irischen Gerichtshof einklagen können, dass Teile des 2021 veröffentlichten Mutter-und-Baby-Heim-Berichts für ungültig erklärt werden.

Der Hintergrund: Der Report sei unvollständig, an vielen Stellen falsch und würde behaupten, die Frauen seien nicht im strengen Sinne des Wortes eingesperrt gewesen und hätten jederzeit gehen können. Philomena Lee hatte aber für den Bericht unter anderem zu Protokoll gegeben, dass Mädchen, die versuchten, wegzulaufen, von der Polizei zurückgebracht wurden. Gut zehn Jahre vor dem Bericht war mit einer grausigen Entdeckung die Untersuchung der Mutter-und-Baby-Heime überhaupt erst ins Rollen gekommen.

Im kleinen Ort Tuam im Westen Irlands fand die Amateurhistorikerin Catherine Corless heraus, dass im dortigen Heim die Leichen von fast 800 Kindern in einem nicht registrierten Massengrab liegen. Viele wurden wie Müll in einem alten Abwassertank entsorgt. Doch die toten Babys von Tuam waren nur die Spitze des Eisberges, Schätzungen zufolge sind allein bis 1960 mehr als 6.000 Säuglinge in Irland in den Mutter-und-Baby-Heimen ums Leben gekommen. Genaue Zahlen gibt es nicht. Aber die irische Regierung musste reagieren und hat eine unabhängige Untersuchung in Auftrag gegeben.

„Du dreckige Schlampe, das ist für deine Sünden“

Die 64-jährige Maggie Corbett hat im Bessborough Mother and Baby Home in Cork zwei Töchter bekommen. Sie sagt, sie erinnere sich, als sei es gestern gewesen. „Ich musste nach der Geburt aufstehen und den Tisch und Boden in dem sonst leeren Raum schrubben, in dem ich gerade mein Baby zur Welt gebracht hatte. Vorher wurden wir stundenlang allein gelassen, bis der Muttermund weit genug geöffnet war.“ Während der Presswehen hätten sich die Nonnen auf ihre Brust gesetzt und ihr ins Gesicht geschrien: „An diesem Schmerz bist du selbst schuld, du dreckige Schlampe, das ist für deine Sünden.“

Die zierliche Frau mit den blondierten Haaren erzählt, dass sie wie die anderen unverheirateten Schwangeren im Heim hart arbeiten musste und in kleinen Schlafräumen ohne fließendes Wasser lebte. Sie sei beide Male nicht freiwillig dort gewesen: Nonnen hätten sie zu Hause abgeholt, ihr die wenigen Wochen alten Babys weggenommen und sie zur Adoption freigegeben. „Zum Stillschweigen mussten wir gar nicht verdonnert werden. Wir haben uns so geschämt, wir haben ja geglaubt, was die uns über uns gesagt haben.“ Bis heute hat sie mit ihrer Mutter nicht darüber gesprochen, genauso wenig wie mit Freundinnen oder Geschwistern.

Maggie Corbett zeigt ein Bild ihrer zweiten Tochter, die 1978 in einem Heim in Cork zur Welt kam. Bis heute konnte sie sie nicht finden.

Beim zweiten Mal wusste sie, was sie erwartete

„Ich war das älteste von zwölf Kindern, und obwohl es meiner Mutter das Herz gebrochen hat, dass ich mitgenommen wurde, unternahm sie nichts", erzählt Maggie Corbett. „Mein Vater und der Priester haben unmissverständlich klargemacht: Ich habe Schande über uns alle gebracht, über die Familie und über das Städtchen." Und die Väter der Kinder? Sie sagt, sie hätten 1976 und 1978 nichts damit zu tun haben wollen.

Der eine wurde von seiner Familie geschützt und stellte sie als leicht zu haben hin. „Dabei hatte ich gar keine Ahnung, was mit mir geschehen war. Ich habe nicht gewusst, dass ich schwanger werden konnte." Der andere nutzte aus, dass sie nach der ersten Schwangerschaft und wegen der Sehnsucht nach ihrem Kind verletzlich und auf der Suche nach Nähe und Zuneigung war; dass sie wegen einer – so weiß sie jetzt – postnatalen Depression und posttraumatischen Belastungsstörung zu viel trank und ihm blind vertraute. Sie wurde wieder schwanger. Sie stand wieder allein da. Sie wurde wieder allein nach Bessborough gebracht. Nur dieses Mal wusste sie, was sie erwartete.

Maggie Corbett spricht ruhig, nur selten gerät sie in Aufruhr, sie lächelt viel, als sie ihre Geschichte erzählt. Sie ist stolz auf ihren Mut, offen zu sein, und ein bisschen darauf, so viel Schweres überlebt zu haben. Für das Treffen hat sie Fotos mitgebracht. Bei manchen weint sie. Sie zeigt Bilder ihrer ersten Tochter, Joanne, die sie eigentlich Martina-Samantha genannt hatte. „Ich habe sie erst wiedergesehen, da war sie selbst schon Mutter und ich somit Oma." Und sie zeigt ein Kinderfoto von dem zweiten Mädchen, das sie noch nicht finden konnte. Sie sei sicher, dass Marie-Antoinette lebe, sie spüre das, aber ihre Tochter trage sicher einen anderen Namen.

„So schlimm waren wir doch nicht, oder?"

Auch die Mütter wurden von den Nonnen umbenannt. Maggie wurde zu „Olga", als sie das erste Mal in Bessborough ankam, im dritten Monat schwanger – und ebenso, als sie zwei Jahre später noch einmal da war. „Beim zweiten Baby haben sie mich nicht mehr nachts geweckt, sondern mir erst am nächsten Morgen gesagt, dass die Kleine weg ist." Wohl aus Sorge, sie würde versuchen, es zu verhindern. „Beim ersten Kind haben die Nonnen nachts um ein Uhr an meinem Bett gestanden und gesagt: ‚Wach auf, Olga, dein Kind ist jetzt weg: für immer.' Ich habe beim nächsten Kind oft nicht geschlafen." Und dennoch konnte sie nicht verhindern, dass ihr auch ihre zweite Tochter entrissen wurde.

„Als ich 1990 versucht habe, die Nonne, die Bessborough geleitet hat, zu konfrontieren, um Hilfe bei der Suche nach meinen Kindern zu bekommen, hat sie gesagt: ‚Ach, komm, so schlimm waren wir doch nicht, oder?' Ich konnte sie nur anstarren und nichts mehr sagen." Es sollte noch 16 Jahre dauern bis sie – dank Unterstützung durch eine Sozialarbeiterin – ihre erste Tochter wiedertreffen konnte.

Nach zwei gescheiterten Ehen, einer weiteren Tochter namens Ríona und einem Studium der Sozialwissenschaften, als sie schon Mitte 40 war, kann Maggie Corbett sagen: „Ich bin heute in einer glücklichen Beziehung und setze mich beruflich und privat für andere ein." Anderen Überlebenden geht es nicht so gut. Viele haben Suchterkrankungen, psychische Probleme, können nicht arbeiten. Hilfe bei der Aufarbeitung, seelsorgerische Begleitung oder finanzielle Entschädigungen gab es nicht. Bis jetzt.

Nicht perfekte Babys kamen in einen anderen Trakt

Dass dem – ersehnten und doch kritisch aufgenommenen – Kommissionsbericht 2021, der Zeug*innenaussagen, Urkunden, Berichte der Heime, Autopsie-Ergebnisse und wissenschaftliche und historische Recherchen beinhaltet, ein Schadenersatzangebot folgte, wirkt auf den ersten Blick positiv. Aber Geld bekommen nur die Mütter – je nach Dauer des Aufenthalts in der Einrichtung zwischen 5.000 und 65.000 Euro. Die Bedingung, dass sie mindestens sechs Monate in einem Mutter-Kind-Heim verbracht haben müssen, um selbst auch Anspruch auf Entschädigung zu haben, hat die überlebenden Kinder am Boden zerstört.

„Wir stehen wieder ganz unten", sagt die 51-jährige Clodagh Malone, die als Aileen im St.-Patrick's-Mutter-und-Baby-Heim in Dublin zur Welt kam und die Selbsthilfe- und Suchorganisation Beyond Adoption gegründet hat. In einer Kiste auf dem Tisch liegt eine ungebundene Vorabausgabe des Kommissionsberichts. „Die Regierung weiß, dass viele der Überlebenden in ein paar Jahren nicht mehr leben werden. Einige von ihnen haben gehofft, ein paar Euro zu bekommen, um sich die eigene Beerdigung leisten zu können. Ich zittere vor Wut."

Clodagh Malone erinnert daran, wie es den Babys in den Heimen erging, egal, ob sie nur ein paar Wochen, Monate oder Jahre dort waren. „Viele Babys, die nicht schnell weggegeben werden konnten, wurden extrem vernachlässigt, 23 Stunden am Tag im Bettchen liegen gelassen, selten gewickelt und im Liegen mit der Flasche gefüttert. Vor allem die Kinder, die nicht ‚perfekt' waren, eine Behinderung hatten oder eine andere Hautfarbe. Die kamen in einen anderen Trakt und wurden dort so gut wie vergessen", sagt Clodagh Malone.

Sie berichtet von Erinnerungen der jungen Mütter, die beobachtet haben, wie „viele von uns zu medizinischen Versuchen und Impftests benutzt wurden". Manche bekamen demnach Ziegenmilch statt Säuglingsmilch. Sie selbst sei bis heute sehr empfindlich in Sachen Ernährung, sagt sie, als sie Brot und einen Teller mit Aufschnitt auf den Tisch stellt. Die Frauen und Männer in den Selbsthilfegruppen berichten von psychischen und körperlichen Folgen, Suchterkrankungen, Verdauungsproblemen.

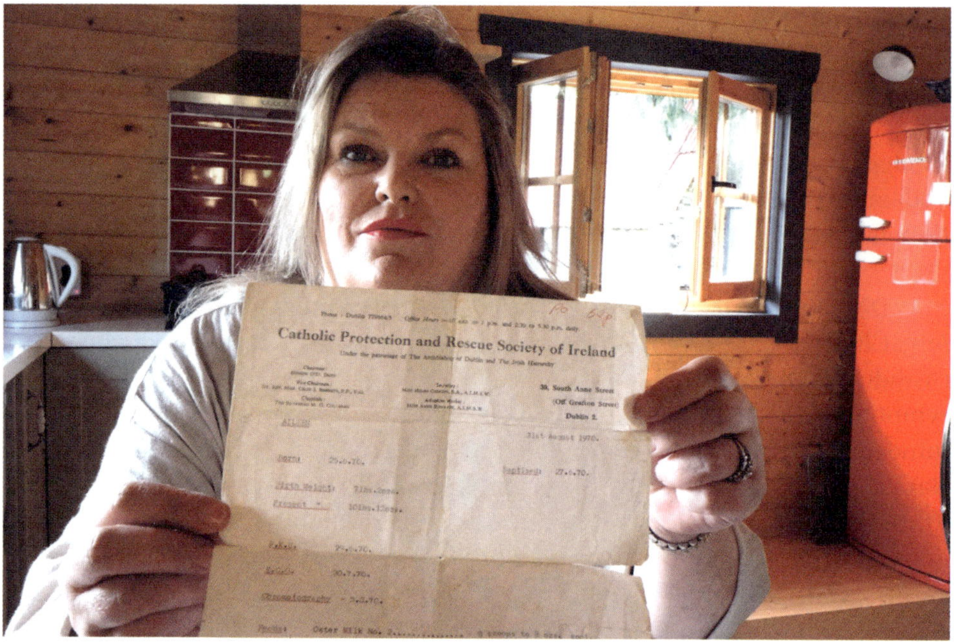

Clodagh Malone zeigt ihre Geburtsurkunde. Sie ist in einem Mutter-und-Baby-Heim in Dublin zur Welt gekommen.

„Ich bin eine derjenigen, die noch Glück hatten – auch mit meiner Adoptivfamilie –, aber ich habe Albträume, einen Putzzwang, gesundheitliche Einschränkungen und wie viele der adoptierten Kinder eine große Sehnsucht danach zu wissen, wo ich herkomme.“ Sie kennt zwar die Frau, die sie zur Welt brachte, hat aber hat keine gute Beziehung zu ihr. Viele, so Clodagh Malone, die ihre Mütter (und Väter) bis heute nicht finden konnten, suchten in jedem Menschen Anhaltspunkte: „Könnte ich mit diesem oder jenem verwandt sein? Die meisten haben alle ihre Dokumente immer bei sich – wie Paddington Bär.“

Papst hebt 2018 in Irland eine Todsünde auf, Hotlines stehen nicht still

Bis vor wenigen Jahren sagte die Kirche vielen irischen Frauen – trotz des harschen Umgangs mit ihnen viele gläubige Christinnen –, es sei eine Todsünde, ihre durch Zwangsadoption weggenommenen Kinder zu suchen. Im persönlichen Gespräch mit Papst Franziskus bei seinem Besuch in Dublin im August 2018 bat Clodagh Malone ihn darum, deutlich zu sagen, dass die Frauen ihre Kinder suchen dürften und die Kinder ihre Mütter.

Am nächsten Tag verkündete er bei der im irischen Fernsehen live übertragenen Abschlussmesse: „Wir bitten um Vergebung für die Kinder, die ihren Müttern weggenommen wurden, und für die Fälle, in denen man den jungen Müttern, die versuchten, ihre Kinder ausfindig zu machen, oder den Kindern, die ihre Mütter suchten, sagte, das sei eine Todsünde. Das ist keine Todsünde." Innerhalb von Sekunden standen die Telefone der Hilfsorganisationen und Adoptionsstellen nicht mehr still.

Die Kinder wiederzufinden war aber selbst für die Mütter, die keine Angst hatten, eine Todsünde zu begehen, lange so gut wie unmöglich. Die Gründe waren vielfältig: fehlende Dokumente, schwer belegbare Vertuschungsversuche, gefälschte Unterschriften. Darüber hinaus gab es Eltern minderjähriger Mütter, die der Adoption zugestimmt hatten, geänderte Namen und DNA-Abgleiche, die erst zeitverzögert möglich waren. Manche Kinder wurden ohne Papiere nachts zum Fenster hinausgereicht, schon bevor Adoption 1952 in Irland legalisiert wurde. Viele wurden nach Amerika verkauft.

Clodagh Malone erklärt: „Es war eine Adoptionsmaschinerie, die da ans Laufen gekommen war." Es sei nicht ungewöhnlich gewesen, dass ein Priester mit fünf Babys in die USA geflogen sei. Dieser habe in der ersten Klasse gesessen, die Stewardessen hätten sich um die Säuglinge gekümmert. Der Pilot habe dem Priester Champagner bringen lassen, und die anderen Fluggäste hätten applaudiert – „weil er so hübsche, pralle Babys zu neuen Familien nach Amerika brachte".

Ein Auto hält vor Malones Haus, und sie beginnt zu strahlen. Die Tür zur Küche springt auf, ihre Tochter und deren Freund kommen herein. „Ich habe drei Kinder, zwei Enkelkinder und einen tollen Mann." In der katholischen Kirche sei sie schon lange nicht mehr. Obwohl sie sehr spirituell sei, wolle sie diese Institution nicht länger unterstützen. Und Maggie Corbett ergänzt: „Warum ich nicht den Verstand verloren habe? Ich habe mir immer gesagt: Du kannst mit deinem Körper menschliches Leben machen. Das ist ein Wunder. Du bist ein Wunder."

„Der Vergewaltiger bist du!“

Chilenische Kunstaktion geht um die Welt

Von Sophia Boddenberg, Santiago de Chile

„Der Vergewaltiger bist du“
von Loreto Góngora.

Eine feministische Performance über sexualisierte Gewalt verbreitete sich in den Sozialen Netzwerken – und wurde von Frauen überall auf der Welt aufgeführt. Die Initiatorinnen kommen aus Chile, wo der Feminismus eine treibende politische Kraft ist.

Mit ausgestrecktem Arm und Zeigefinger und verbundenen Augen zeigen schwarz gekleidete Frauen auf ihre Zuschauer*innen und rufen: „Es war nicht meine Schuld! Egal, wo ich war, egal, wie ich angezogen war. Der Vergewaltiger bist du!“ Buenos Aires, Neu-Delhi, New York und Paris sind nur einige der Städte, in denen Frauen an öffentlichen Plätzen auftraten, um auf sexualisierte Gewalt aufmerksam zu machen. Auch in Deutschland schlossen sich Studentinnen an, etwa in Berlin, Freiburg, Köln und Bonn, und tanzten gemeinsam auf der Straße.

„Es war ein starkes Gefühl, erst gemeinsam den Tanz und den Text einzustudieren und dann laut zu rufen. Da kamen Mut und Kampfgeist auf – ein Gemeinschaftsgefühl“, sagt die 24-jährige Sophia La Mela, die in Köln und in Bonn an der Aktion beteiligt war. „Der Text passt auf der ganzen Welt, weil Frauen überall Gewalt erleben, nicht gesehen werden und im Patriarchat leben. So hat der Feminismus eine noch stärkere neue Bedeutung bekommen“, sagt die Studentin.

Die Initiatorinnen kommen vom anderen Ende der Welt: aus der Hafenstadt Valparaíso in Chile. Dort zeigten sie den Protesttanz im November 2019 mit etwa 40 Frauen zum ersten Mal. Dafne Valdés, Paula Cometa, Sibila Sotomayor und Lea Cáceres, alle Anfang 30, gründeten 2018 das Kollektiv LasTesis – übersetzt heißt das „Die Thesen“.

„Das Ziel unseres Kollektivs ist es, die Thesen feministischer Theorie durch visuelle und performative Formate in die Praxis zu übertragen“, sagt Paula Cometa. Sie ist Designerin. Alles, was sie sage, stehe stellvertretend für das Kollektiv, darauf besteht sie. Valdés und Sotomayor haben Schauspiel studiert, und Cáceres ist Kostümdesignerin.

Die Performance „Un violador en tu camino“ („Ein Vergewaltiger auf deinem Weg“) ist eigentlich Teil eines längeren Theaterstücks. Grundlage ist eine längere Recherche über Vergewaltigung und Straffreiheit von Sexualstraftätern. Damit wollen sie das Bild des Vergewaltigers als eines „ferngesteuerten Triebtäters“ zurechtrücken, inspiriert von der italienischen Feministin Silvia Federici und der argentinischen Anthropologin Rita Segato.

Ignacia Navarrete und Francisca Echeverría mit ihren Freundinnen nach der Performance.

„Federici zeigt auf, dass der Kapitalismus auf der Unterdrückung der Frauen basiert. Segato kommt zu dem Schluss, dass ein Vergewaltiger aufgrund einer sozialen Machtstruktur vergewaltigt“, sagt Cometa. „So wird die Figur des Vergewaltigers als ein Subjekt, das seine sexuelle Lust befriedigen will, entmystifiziert. Die Vergewaltigung ist eine Strafe für das Opfer, das nicht der Norm entspricht. Das kann eine Frau sein, die einen Minirock trägt, aber auch ein homosexueller Mann, der aus der Norm fällt.“

Nur acht Prozent der Sexualstraftäter werden verurteilt

„Das Patriarchat ist ein Richter, der uns bei der Geburt verurteilt. Und unsere Strafe ist die Gewalt, die du nicht siehst: die Straflosigkeit des Mörders, das Verschwindenlassen, die Vergewaltigung“ – so beginnt die Performance. Damit will das Kollektiv die hohe Zahl von Frauenmorden und die niedrigen Verurteilungsraten bei Sexualstraftaten anprangern.

Rund 3.500 Frauenmorde gab es 2018 in Lateinamerika, wie Zahlen der Vereinten Nationen belegen. Laut einem Bericht des Chilenischen Netzwerks gegen die Gewalt an Frauen folgte in nur 25,7 Prozent der Anzeigen von Sexualstraftaten überhaupt ein Gerichtsprozess. Wenn es zu einem Prozess kommt, vergehen im Durchschnitt 522 Tage von der Anzeige bis zum Urteil. Das sind fast eineinhalb Jahre, in denen das Opfer Gefahr läuft, dem Täter erneut zu begegnen. Nur in acht Prozent der Fälle kommt es zu einem Urteil. „Wenn du eine Vergewaltigung anzeigen willst, dann fragt der Polizist dich zuerst, wie du angezogen warst oder wo du warst. Dann werden die Fälle zu den Akten gelegt, es gibt kaum Verurteilungen. Die meisten Sexualstraftäter sind auf freiem Fuß", erklärt Paula Cometa.

„El Estado opresor es un macho violador", heißt es weiter in der Performance: „Der Staat, der unterdrückt, ist ein Macho, der vergewaltigt." In Chile wurde der Tanz Teil der Protestbewegung, die Ende 2019 und Anfang 2020 das Land erfasste. Sie richtete sich gegen die Regierung von Sebastián Piñera und das neoliberale Wirtschaftssystem, das in der Verfassung verankert ist, die noch aus Zeiten der Pinochet-Diktatur stammt. Es hat dazu geführt, dass die soziale Ungleichheit immer extremer geworden ist und soziale Grundrechte wie Bildung, Rente und Gesundheitsversorgung privatisiert wurden.

Performance mit 10.000 Frauen in Santiago vor dem Estadio Nacional, einem ehemaligen Folterzentrum der Militärdiktatur.

Die Regierung reagierte von Anfang an mit Gewalt und Repression auf die überwiegend friedlichen Proteste. 34 Menschen kamen ums Leben, knapp 4.000 wurden von Polizei und Sicherheitskräften verletzt, bei 460 von ihnen wurden Augenverletzungen durch Gummigeschosse oder Tränengasgranaten festgestellt, dokumentierte das Nationale Institut für Menschenrechte. Das Institut registrierte außerdem mehr als 200 Fälle von sexualisierter Gewalt durch staatliche Akteur*innen im Rahmen der Unruhen, darunter vier Vergewaltigungen. Bei den Opfern handelt es sich größtenteils um Frauen und homosexuelle Männer. Menschenrechtsorganisationen wie Amnesty International und Human Rights Watch sowie die Vereinten Nationen kritisierten die Menschenrechtsverletzungen in Chile, aber die Regierung erkannte ihre Verantwortung nie an.

„Alle Staaten sind Machos, die vergewaltigen"

Im Dezember 2019 fand die größte Aufführung von „Un violador en tu camino" in Santiago statt – mehr als 10.000 schwarz gekleidete Frauen verschiedenen Alters hatten sich vor dem Nationalstadion versammelt. „Die Bullen! Die Richter! Der Staat! Der Präsident!", riefen sie. Bei jedem Wort gingen die Frauen in die Knie und nahmen die Hände hinter den Kopf. „Dieser Teil ist daran angelehnt, dass die Frauen auf der Polizeiwache gezwungen werden, sich auszuziehen und Kniebeugen zu machen", sagte die 29-jährige Francisca Echeverría. Sie war mit ihren Freundinnen zum Nationalstadion gekommen. Der Titel „Un violador en tu camino" – „Ein Vergewaltiger auf deinem Weg" – bezieht sich im Übrigen auf den ehemaligen Slogan der chilenischen Polizei: „Un amigo en tu camino" – auf Deutsch: „Ein Freund auf deinem Weg".

Echeverría und ihre Freundinnen waren nicht überrascht, dass sich Frauen auf der ganzen Welt mit dem Text und Tanz von LasTesis identifizierten. „Die Revolution, die wir in Chile erleben, stellt die Machtstrukturen infrage, dazu gehören das Patriarchat und der Kapitalismus. Es gibt eine globale Krise, und das hier ist erst der Anfang", sagte Echeverría. Ihre Freundin Ignacia Navarrete fügte hinzu: „Alle Staaten sind Machos, die vergewaltigen. Das vereint uns Frauen auf der ganzen Welt."

Der Text wurde in mehrere Sprachen übersetzt und der Tanz von Frauen auf der ganzen Welt interpretiert. Die Videos gingen über Soziale Netzwerke wie Twitter und Instagram mit dem Hashtag #LasTesis viral. Im November 2019 versammelten sich mehr als 150 Frauen vor dem Eiffelturm in Paris und riefen: „Le violeur, c'est toi!" In Manhattan kamen im Januar 2020 über 60 Frauen vor dem Gerichtsgebäude zusammen, in dem der Prozess von Harvey Weinstein stattfand. „The rapist is you!" war ihr Kampfruf. In Istanbul wurden zahlreiche Demonstrantinnen nach dem Protesttanz auf der Straße festgenommen.

Die Frauen von LasTesis hatten damit nicht gerechnet. „Wir glauben, dass es viral gegangen ist, weil die Gewalt global ist", meint Paula Cometa. „Wir haben ursprünglich nur eine Performance gestaltet, kein Protestlied. Die Frauen haben es dazu gemacht. Was passiert ist, geht weit über unser Kollektiv hinaus."

Das Symbol der Proteste

Das Schauspiel wurde zum Symbol der Empörung in Chile und machte deutlich, dass der Feminismus eine treibende politische Kraft im Land ist. Auch Kunstschaffende wurden so inspiriert. Ein Bild sieht man an verschiedenen Orten von Santiago, auf T-Shirts, Halstüchern und in Sozialen Netzwerken: Es zeigt eine Frau mit langen schwarzen Haaren, die ein grünes Halstuch vor dem Mund trägt – das Symbol für die Bewegung zur Legalisierung von Abtreibung – und mit dem Zeigefinger auf den Betrachter deutet. „El violador eres tu" – der Vergewaltiger bist du, steht darunter.

Das Werk stammt von der Künstlerin Loreto Góngora, die durch die Protestbewegung zur Street-Art fand. „LasTesis haben es geschafft, sichtbar zu machen, was der Großteil von uns Frauen erlebt. Wir wurden fast alle schon einmal belästigt, missbraucht oder vergewaltigt", sagt sie. „Die Performance hat mich tief berührt und inspiriert. Deshalb habe ich dieses Bild gestaltet und hierhin geklebt, damit alle Männer, die vorbeilaufen, sich angesprochen fühlen. Es wird immer so dargestellt, als ob Vergewaltiger Psychopathen oder Verrückte seien. Aber das ist nicht wahr, es kann jeder sein."

Nicht nur ihre Kunst, auch die vier Frauen von LasTesis reisten anschließend um die Welt. Im Januar 2020 führten sie ihre Performance mit lateinamerikanischen Migrantinnen beim Women's March in New York auf, im Februar 2020 demonstrierten sie in Buenos Aires mit den argentinischen Frauen mit grünen Halstüchern für die Legalisierung von Abtreibung, im März 2020 waren sie in Berlin und zeigten gemeinsam mit Migrantinnen am Weltfrauentag Haltung. „Wir sind beeindruckt und gleichzeitig zufrieden, dass unsere Arbeit so viel Anerkennung erhalten und so viele Personen erreicht hat. Kunst ist für uns ein Mittel der Transformation, und was passiert ist, hat das bestätigt. Das ist sehr erfüllend", sagt Cometa.

In Chile gingen am Weltfrauentag am 8. März 2020 mehr als drei Millionen Frauen im ganzen Land auf die Straßen – es war der größte Protestmarsch seit dem Ende der Pinochet-Diktatur. Tausende Frauen tanzten die Performance von LasTesis vor dem Regierungspalast La Moneda. „Históricas" schrieb eine Gruppe in Großbuchstaben auf den Asphalt an der Plaza Italia. Die chilenischen Frauen haben Geschichte geschrieben.

Kapitel 3

Medienlieblinge

Eine Kanzlerin macht noch keinen Sommer

Gleichberechtigung in Deutschland

Von Mareike Graepel, Karlsruhe/Berlin

Stefanie Lohaus setzt sich für mehr Frauen in der Politik ein.

Über 100 Jahre sind seit der Einführung des Frauenwahlrechts vergangen, mehr als 40 seit der ersten Ausgabe von Emma, dem Leitblatt des Feminismus im deutschsprachigen Raum, und fast ebenso viele Jahre, seit Ina Deter von Frauen sang, die langsam, aber gewaltig kommen – und dennoch: Frauen tauchen nur als prominente Vorzeigebeispiele auf, aber nie zu 50 Prozent, obwohl sie die Hälfte der Bevölkerung ausmachen.

„Entschuldigung, ich bin spät dran, die Kinder sind krank, ich habe mich noch kümmern müssen." Der Satz, der Stefanie Lohaus ohne Zögern über die Lippen kommt, wird in Deutschland täglich tausendfach gesagt – von Frauen. In Stefanie Lohaus' Fall könnte er auch von ihrem Mann kommen. Sie ist Journalistin und Pressesprecherin der Europäischen Akademie für Frauen in Wirtschaft und Politik, kurz EAF, und hat mit ihm ein Buch über gerechte Aufgabenverteilung geschrieben („Papa kann auch stillen"). Aber: Das Paar ist eine große Ausnahme. In den meisten Fällen sind es die Frauen, die sich im Job abmelden, wenn die Kinder erkranken, nämlich etwa dreieinhalbmal so oft wie Männer, wie eine Studie der Deutschen Angestellten Krankenkasse zeigt.

Symptomatisch zeigen diese Zahlen, woran die Gleichberechtigung in Deutschland krankt. Stefanie Lohaus sagt: „Ob es in absehbarer Zeit möglich ist, paritätische Verhältnisse in Deutschland zu erreichen, hängt davon ab, inwiefern sich die Gesellschaft dafür entscheidet." Denn auch 70 Jahre nachdem die Gleichbehandlung von Frauen und Männern im Grundgesetz verankert wurde, bestehen noch immer strukturell bedingte Benachteiligungen. „Und zwar auch für die Politik", so Lohaus, „in keinem Land der Welt herrscht absolute Parität, Deutschland befindet sich in den Rankings zwar im oberen Mittelfeld – aber das reicht nicht, um sich darauf auszuruhen."

Nach der Bundestagswahl 2017 war der Bundestag mit einem Frauenanteil von 31,6 Prozent besetzt. Mit der Wahl 2021 stieg der Gesamtanteil der weiblichen Abgeordneten auf insgesamt 34,7 Prozent, ist damit aber immer noch unter dem bisherigen Höchststand von 37,1 Prozent (2013) geblieben. „Das Problem: Die Demokratie und ihre Spielregeln entstanden unter dem expliziten Ausschluss der Frauen", erklärt die Feministin. „Und die Strukturen sind noch immer patriarchal geprägt." Von einem „Meer von grauen

Anzügen“ sprach 2018 anlässlich des 100. Jahrestages des Frauenwahlrechts auch die damalige Justizministerin Katarina Barley. Zusammen mit Familienministerin Franziska Giffey forderte Barley damals, Kandidat*innenlisten der Parteien abwechselnd mit Männern und Frauen zu besetzen.

Brandenburg geht ersten Schritt in Richtung Parität in der Politik

Während einige Parteien – so wie die Grünen – seit Jahrzehnten Gleichberechtigung praktizieren, schließen andere, wie die AfD, schon die Gründung parteiinterner Frauenorganisationen explizit aus. Deshalb verwundert es nicht, dass Frauen bei den Grünen am stärksten vertreten sind: 59 Prozent der Bundestagsabgeordneten sind weiblich, 40 Prozent sind es in der gesamten Partei. Die Partei Die Linke hat immerhin einen Frauenanteil von 54 Prozent im Bundestag, gefolgt von der SPD mit 42 Prozent. Bei den Christdemokraten sind weniger als ein Fünftel der Bundestagsabgeordneten weiblich. Ähnlich sieht es bei der FDP aus. Das Schlusslicht bildet die AfD mit 13 Prozent Frauen in der Bundestagsfraktion – dort gibt es weder interne Quoten noch Maßnahmen zur Frauenförderung.

„Wir brauchen neue Spielregeln in der Politik. Das heißt konkret: eine Limitierung von Sitzungszeiten, bessere Kinderbetreuung und ein Umdenken bei Redezeiten und -orten. Einige Meetings können auch ohne Weiteres per Videochat gehalten werden“, sagt Stefanie Lohaus. „Parlamente funktionieren noch wie vor 100 Jahren und schließen dadurch oft Frauen und benachteiligte Gruppen aus.“ Einzelne Landesparlamente probieren durchaus neue Wege aus: So versuchte Brandenburg 2020, die Landeslisten abwechselnd mit Frauen und Männern zu besetzen. Ein klarer Schritt in Richtung mehr Parität – der aber vom Verfassungsgericht in Weimar wieder zurückgenommen wurde. Auch ein Versuch, beim Bundesverfassungsgericht in Karlsruhe Beschwerde darüber einzureichen, scheiterte.

Dabei könnte es so wirken, als sei Deutschland in puncto Gleichberechtigung in der Politik schon relativ weit. Schließlich hatten wir 16 Jahre eine Bundeskanzlerin, die immer wieder als „mächtigste Frau Europas“ bezeichnet wurde. Außerdem gibt es mit Ursula von der Leyen erstmals eine Europäische Kommissionspräsidentin. Aber der aktuelle Frauenanteil aller Abgeordneten von 34,7 Prozent liegt eben auch nur marginal höher als der im Südsudan (32,4 Prozent). Selbst Merkel betonte während der Gedenkstunde zum 100. Jahrestag des Frauenwahlrechts: „Eine Schwalbe macht noch keinen Sommer. Aus der Tatsache, dass es mich gibt, darf kein Alibi werden.“

Dieses Totschlagargument geht auch Stefanie Lohaus gegen den Strich: „Wer sagt, wir haben in Deutschland kein Problem, weil wir ja Frau Merkel hatten, unterschätzt die Situation. Auch wenn die Bundeskanzlerin und andere Politikerinnen zeigen, dass es Frauen in Machtpositionen schaffen und da auch gut netzwerken können." Im „Global Gender Gap Report" hat das Weltwirtschaftsforum (WEF) Deutschland aktuell zwar Fortschritte bei der Gleichberechtigung bescheinigt, aber mehr Engagement gefordert, was die Geschlechterlücke bei Managementpositionen und Gehältern angeht.

Im globalen Ranking liegt Deutschland auf Rang elf. Dass es im derzeitigen Tempo noch einmal 100 Jahre dauern könnte, bis weltweite Gleichberechtigung herrscht, ist für WEF-Gründer Klaus Schwab inakzeptabel: „Mehr denn je kann es sich die Gesellschaft nicht leisten, die Fähigkeiten, Ideen und Perspektiven der Hälfte der Menschheit zu verlieren, wenn sie das Versprechen einer wohlhabenderen und menschlicheren Zukunft verwirklichen möchte, die gut geführte Innovationen und Technologien mit sich bringen können."

Angesichts der Tatsache, dass „in naher Zukunft nicht mit einer ausgewogenen Geschlechterverteilung zu rechnen ist und wir in Deutschland keine Branche identifizieren können, die besonders fortschrittlich ist", so Lucie Schibel von der AllBright Stiftung, müssten genau diese Fakten eben doch genauso und „dauernd extra" erwähnt werden. In aktuellen Studien fand die Stiftung heraus, dass es immerhin in den großen Unternehmen schneller geht als in den kleinen: In den Topetagen börsennotierter Unternehmen in Deutschland sitzen derzeit so viele Frauen wie nie.

Eine Abfrage des Prüfungs- und Beratungsunternehmens EY belegt dies: 94 Topmanagerinnen in 160 Unternehmen der drei Börsenindizes Dax, MDax und SDax saßen 640 Männer gegenüber – klingt nicht viel, hat sich aber immerhin in den vergangenen Jahren mehr als verdoppelt. Allerdings: Nur sieben Frauen schafften es bis 2021 laut Handelsblatt auf die Position der Geschäftsführerin.

Hochschulprofessorinnen nach wie vor selten

In den Hochschulen zeigt sich ein ähnliches Bild. Nur jede dritte Professur in Deutschland wird von einer Frau besetzt. Die Bundeskanzlerin spricht offen darüber, in ihrer Zeit als Physikstudentin die Männer an der Uni als sehr dominant erlebt zu haben. „Die Ursachen für so wenige Professorinnen werden viel debattiert", meint Nora Szech. Die Professorin hat den

Lehrstuhl für Politische Ökonomie am Karlsruher Institut für Technologie inne, wo – ähnlich wie an vielen anderen technischen Universitäten – Frauen schon im Studium seltener vertreten sind als Männer. „Das liegt aber nicht am Geschlecht – in Asien und in Südeuropa gibt es auch in der Technologie viele Frauen." Sie vermutet, dass der Grundstein für das Interesse schon in der Schule gelegt werde: „Es ist bemerkenswert, dass das ein hausgemachtes und kein globales Phänomen ist."

Nora Szech ist Professorin am Lehrstuhl für Politische Ökonomie am Karlsruher Institut für Technologie.

Es fehle außerdem an Frauennetzwerken in den technischen Bereichen. „Selbst wenn man leichte positive Entwicklungen sehen kann – im Vergleich zu den Nachbarländern ist Deutschland immer noch Schlusslicht", so Szech. Eine deutliche Einkommenslücke zwischen Männern und Frauen – Gender-Pay-Gap genannt – sowie fehlende Quoten verschleppten die Hoffnung auf eine baldige Besserung der Situation. Das gelte sowohl für Professor*innen-Stellen als auch für Juniorprofessuren – zwar würden die seit einigen Jahren prozentual viel häufiger von Frauen besetzt, seien aber auch immer befristet.

Aktiv für Gleichberechtigung entscheiden

„Meiner Meinung nach könnten Quoten da überall helfen – aus purer Freiwilligkeit tut sich einfach zu wenig, da fehlen klare Anreize." Jede einzelne Frau mit höherem akademischem Status habe eine Signalwirkung und motiviere Studentinnen – was dringend notwendig sei. Denn auch in den Universitäten hätten Frauen die gleichen Probleme wie in anderen Branchen: Die Vereinbarkeit von Beruf und Familie sei extrem schwierig, und zwar finanziell, organisatorisch und auch emotional. „Ich höre von so vielen Nachwuchsforscherinnen, die eine Weile im Ausland tätig sind, dass sie zögern, nach Deutschland zurückzukehren, weil sie sich viel stärker entscheiden müssten."

Ihr Forschungsgebiet – Ethik und Moral in Wirtschaft und Lehre – liefert Nora Szech hervorragende Argumente für weibliche Führungskräfte. Sie rate den Arbeitgebern dazu, mehr auf Frauen zu setzen. Ein stärkerer moralischer Kompass mache sie weniger korrumpierbar, sie überschätzten sich seltener, und sie trügen in der Teammischung zu einem besseren Ergebnis bei. Und ein schneller Blick auf die Länder mit etablierten Frauenquoten zeigt: Die Wirtschaft hat darunter nicht gelitten, im Gegenteil.

Die Gesellschaft müsse sich eben „nur" noch für die Gleichberechtigung entscheiden – in Deutschland offenbar eine extrem hohe soziokulturelle Hürde, weil Männer laut dem „Väterreport" der Bundesregierung aus dem Jahr 2018 die fehlende soziale Anerkennung von Familienarbeit oder die Anwesenheitskultur in Unternehmen spüren, Angst vor Einkommensverlust haben und glauben, dass Teilzeitarbeit bei Frauen stärker akzeptiert sei. Klar ist aber auch: Die Situation ändert sich nur nachhaltig, wenn viel mehr Männer aktiver Teil der Lösung werden und nicht Teil des Problems bleiben.

Hoch hinaus

Astronautinnen in Japan

Von Eva Casper, Kyoto

Erste und einzige Frau im Astronautenteam: Chiaki Mukai schrieb Geschichte und flog 1994 als erste Japanerin ins Weltall.

In einem Land, in dem Frauen noch oft benachteiligt werden, haben es Chiaki Mukai und Naoko Yamazaki weit gebracht: Sie sind Japans einzige Astronautinnen. Eine Geschichte über zwei Frauen und ihren Weg gegen alle Widerstände.

Ganz nach oben zu kommen ist für Frauen in Japan nicht leicht. In einem Land, in dem Macht und Geld immer noch hauptsächlich in Männerhand liegen, sind Frauen, die Karriere machen, die Ausnahme. Und noch seltener ist es, dass sie dabei Geschichte schreiben. Chiaki Mukai und Naoko Yamazaki haben genau das geschafft. Von den zwölf Astronaut*innen, die Japan bisher ausgebildet hat, sind sie die einzigen Frauen. Sie sind aufgewachsen in einer Zeit, in der die Ungleichheit in Japan noch größer war als heute, und haben gegen alle Widerstände ihren Traum verfolgt.

Chiaki Mukai kommt 1952 in Gunma zur Welt, einer Präfektur nördlich von Tokio, bekannt für heiße Quellen und Skigebiete. Ihre Eltern hätten ihr immer gesagt, wie wichtig es sei, eine gute Bildung zu haben, um Geld zu verdienen: „Ich sollte von niemandem abhängig sein." Im Japan der 50er-Jahre ist das – ähnlich wie damals in Deutschland – eine ungewöhnliche Einstellung.

Für Frauen ist es damals üblich, zu heiraten und Kinder zu bekommen, statt für ihren Lebensunterhalt zu arbeiten. Schon als Mädchen begeistert sich Mukai für Naturwissenschaften. Sie liebt es, Tiere zu beobachten, fängt kleine Fische und Langusten und zieht sie bei sich zu Hause auf. Sie lernt Ski fahren und nimmt als Studentin an Wettkämpfen teil. Da merkt sie, dass sie schneller ist als so manche Männer.

Die einzige Frau im Team

Mukai ist oft eine Frau unter vielen Männern. Sie studiert Medizin an der Keio-Universität in Tokio und arbeitet anschließend als Ärztin. 1983 erfährt sie, dass Japan erstmals eigene Astronaut*innen ausbilden will, und bewirbt sich. Sie erklärt: „Ich wollte meinen Horizont erweitern und die Erde vom All aus sehen." Es folgt ein langes, aufwendiges Auswahlverfahren. Einer der bekanntesten Tests ist wohl die Humanzentrifuge. Dabei dreht sich die Apparatur immer schneller um die eigene Achse, das Blut schießt in die

NASDA
DUQUE BROWN LINDSEY ROBINSON PARAZYNSKI GLENN MUKAI
DISCOVERY
CHIAKI MUKAI

Füße. „Wenn dir da nicht schlecht wird, stimmt mit dir etwas nicht", scherzt Mukai.

Im Sommer 1985, im Alter von 33 Jahren, wird Mukai schließlich als eine von drei Kandidat*innen ausgewählt. Bis sie tatsächlich ins All fliegt, werden aber noch neun Jahre vergehen. Knapp ein halbes Jahr später, am 28. Januar 1986, zerbricht der Spaceshuttle Challenger kurz nach dem Start vom Kennedy Space Center in Florida – alle sieben Crew-Mitglieder kommen ums Leben. Es ist bis dato das schlimmste Unglück in der Geschichte der US-Raumfahrt. „Ich war schockiert", erzählt Mukai. Trotzdem habe sie nicht daran gedacht, aufzuhören. Denn: Eine 100-prozentige Sicherheit könne es niemals geben.

1994 bricht Mukai schließlich zu ihrem ersten Flug ins All auf: mit der internationalen Mission STS-65 – als erste Japanerin überhaupt und als einzige Frau unter sechs Männern. Auf Pressekonferenzen fragen viele, wie das sei, als einzige Frau im Team. „Wundervoll, ich bin die Schönste an Bord", scherzt sie. Als Sally Ride 1983 als erste US-Amerikanerin ins All flog, sollte sie beantworten, ob der Aufenthalt im Weltall ihre Fähigkeit, Kinder zu kriegen, negativ beeinflussen werde oder ob sie auf der Mission weinen werde, wenn etwas schiefgehe. Mukai sagt, ihr seien solche Fragen nie gestellt worden. Allerdings sei sie auch schon 42 gewesen, als sie ihre Reise antrat.

Forschungen im All

Tatsächlich ist Reproduktion Teil ihrer Forschungen. Anhand von Fischen untersucht sie, welche Auswirkungen die Schwerelosigkeit auf den Körper hat. Bei ihrer zweiten Mission im Jahr 1998 ist sie erneut die einzige Frau. Bei dem neuntägigen Aufenthalt im All geht es auch darum, herauszufinden, welche Auswirkungen die Schwerelosigkeit auf Menschen im hohen Alter hat. Dafür ist der Astronaut John Glenn an Bord. Der damals 77-Jährige stellt damit den Rekord als ältester Mensch im All auf.

Erst 2021 wird dieser Rekord erst durch Wally Funk und schließlich durch den 90-jährigen William Shatner, bekannt als Captain Kirk aus „Raumschiff Enterprise", gebrochen. Heute verbringen Astronaut*innen oft mehrere Monate im All. Ihre Körper gewöhnen sich an die fehlende Schwerkraft, ihre Muskeln bilden sich zurück. Sie vermissen ihre Familien und Freund*innen. Und sie richten sich einen Alltag ein, haben Freizeit, die es zu füllen gilt.

Bei Mukai war das anders. Ihr längster Aufenthalt dauerte zwei Wochen, und in dieser Zeit hätten sie und ihr Team Hunderte Experimente durchgeführt. Meist sei sie so erschöpft gewesen, dass auch das ungewohnte Schlafen in der Schwerelosigkeit sie nicht gestört habe. Doch sooft ihr Zeit geblieben sei, habe sie die Erde betrachtet. Sie sagt rückblickend: „Egal, wie lange man schaut, man will immer noch mehr und mehr sehen." Am meisten hat Mukai aber die Rückkehr zum Planeten beeindruckt.

Als sie im Spaceshuttle saß, spürte sie, wie die Schwerkraft wieder einsetzte. Es sei gewesen, als habe jemand auf ihren Schultern gestanden und sie nach unten gedrückt, erzählt sie. Zurück auf der Erde, kann sie zunächst nicht gerade gehen. Alles fühlt sich schwer an, selbst eine Visitenkarte. Dieses Gefühl hält drei Tage an. In der letzten Nacht möchte sie am liebsten nicht ins Bett gehen. Sie fühlt, sie würde dieses Gefühl am nächsten Tag verlieren. „Es war wie bei der kleinen Meerjungfrau, die aus den Tiefen des Meeres kommt und zum ersten Mal die Sonne sieht", erzählt Mukai, „alles war sehr neu für mich."

Nach ihren Reisen ins All arbeitet die heute 69-Jährige in der Forschung und Lehre, unter anderem an der International Space University in Frankreich und für die japanische Raumfahrtbehörde Jaxa. Seit 2015 ist sie Vizepräsidentin der Tokyo University of Science. Dort leitet sie außerdem das sogenannte Space Colony Research Center – eine vor fünf Jahren gegründete Organisation, deren Ziel es ist, Technologien zu entwickeln, die im All, aber auch auf der Erde nützlich sind, etwa um den Anbau von Gemüse zu ermöglichen, Wasser zu sparen oder Elektrizität zu gewinnen.

Astronautin und Mutter

Während Deutschland bis heute noch keine Astronautin ins All geschickt hat, fliegt 2010 Naoko Yamazaki als zweite Japanerin für 15 Tage mit der Mission STS-131 als Teil eines US-Teams zur ISS. Als Ingenieurin bedient die damals 39-Jährige einen Roboterarm. Anders als Mukai ist Yamazaki Mutter, weshalb ihr von der Presse der Spitzname „Mama-san"* aufgedrückt wird. „San" entspricht der deutschen Anrede für Herr und Frau. Doch Yamazaki mag den Namen nicht. Die Männer seien nicht so auf ihr Vatersein reduziert worden. Dabei sei das Weltall ein ziemlich gleichberechtigter Ort, findet Yamazaki. Auch Mukai berichtet, sie habe sich bei ihrer Arbeit im Team nie diskriminiert gefühlt.

Dass Yamazaki Astronautin geworden ist, liegt auch an den vielen Vorbildern, die sie ermutigt haben, diesen Schritt zu gehen. Schon als Kind habe

Naoko Yamazaki ist Mutter und Astronautin.

sie gern Science-Fiction-Filme gesehen und Comics gelesen. Dass sie selbst einmal Astronautin werden könnte, kam ihr damals nicht in den Sinn. Das änderte sich, als die Challenger verunglückte. Yamazaki war damals 15 Jahre alt. Dabei starb auch Christa McAuliffe, die über das Teacher-in-Space-Programm der Nasa teilgenommen hatte.

Der Gedanke, dass sogar eine Lehrerin Astronautin werden konnte, ermutigte Yamazaki. Sie entschloss sich, Raumfahrttechnik an der Tokyo University zu studieren. Wenn sie damals jemandem von ihrem Berufswunsch erzählte, dachten die Leute, sie habe einen Scherz gemacht. „Selbst meine Eltern dachten das", erinnert sie sich. Doch 1999 wird Yamazaki als Astronautin ausgewählt. Es dauert noch elf Jahre, bis sie tatsächlich ins All fliegt.

JAXA
NAOKO YAMAZAKI

Irdische Herausforderungen

Auch diesmal kommt ein tragischer Unfall dazwischen: der Absturz des Spaceshuttles Columbia. Ihre Tochter ist damals noch kein Jahr alt, und Yamazaki befürchtet, dass es zu gefährlich ist. „Ich wollte ins All, aber ich wollte nicht meine Familie opfern." Irgendwann stellt sich heraus: Ihr Wunsch ist größer als ihre Sorge. Und: Wer als Elternteil ins All fliegen will, muss mit den gleichen irdischen Herausforderungen leben wie andere: der Vereinbarkeit von Familie und Beruf. Das führt meistens dazu, dass die Frauen am Boden bleiben.

Was viele nicht bedenken: Astronaut*innen sind nicht nur im Weltraum unterwegs, sondern müssen auch lange Trainingseinheiten – oft im Ausland – absolvieren. Beides zu vereinbaren sei nur möglich gewesen, weil ihr damaliger Ehemann seinen Job gekündigt und die Kinderbetreuung übernommen habe, erzählt Yamazaki. Ein Modell, das nicht nur in Japan sehr ungewöhnlich ist. Sie wurde dafür in den Medien kritisiert. Es hieß, sie würde ihr Kind im Stich lassen. Wenn sie umgekehrt sagte, sie wolle eine Trainingspause einlegen, um sich um ihre Tochter zu kümmern, wurde ihr vorgeworfen, dass ihre Ausbildung von Steuergeldern finanziert werde. Kurzum: Was immer sie sagte, es gab Kritik.

Um es für Frauen einfacher zu machen, müssten vor allem Geschlechterklischees überwunden werden, meint Yamazaki. Viele Mädchen würden sich für das Weltall begeistern, doch es gebe den Druck aus der Gesellschaft, dass Naturwissenschaften nichts für Mädchen seien. Yamazaki selbst besuchte eine reine Mädchenschule. Dort sei es normal gewesen, sich für Naturwissenschaften zu interessieren. Und die Lehrerinnen seien ein Vorbild für sie gewesen.

Heute ist Yamazaki Präsidentin des Young Astronauts Club, der auch Mädchen dazu ermutigen soll, eine Karriere als Astronautin anzustreben. Außerdem hat sie 2018 die Space Port Japan Association mitgegründet, die Japans erste Startrampe bauen will, um Raketen ins All zu schießen. Als sie auf der Erde war, habe sie gedacht, dass das Weltall sehr besonders sei, erzählt Yamazaki. Doch als sie dort ankam, erschien ihr die Erde „in den unendlichen Weiten dieser Dunkelheit als ein sehr bewundernswerter Ort".

„Ich behalte gern die Kontrolle“

Personenschützerin für Prominente

Von Mareike Graepel, Dublin

Leibwächterin Lisa Baldwin sorgt dafür, dass Prominenten nichts passiert.

Nicole Kidman bevorzugt eine, J. K. Rowling und Diana Ross haben eine, Herzogin Kate und sogar ihr Mann Prinz William. Nicht dieselbe Designerhandtasche – sondern eine Personenschützerin. In Irland und in Großbritannien, aber auch darüber hinaus ist Lisa Baldwin im Einsatz.

„Es tut mir leid, dann bin ich außer Landes." Zwei Monate später: „Dann auch." Zwei Anläufe – und zwei Mal war Lisa Baldwin kurzfristig nicht in Irland zu den vereinbarten Terminen. Aber „third time's a charm", und so sitzt die 36-Jährige an einem Sommersonntag vor einem Café in einem Businesspark, blickt sich um und erzählt – von Klient*innen, ohne Namen zu nennen, davon, was Frauen zu besseren Bodyguards macht, und warum sie über ihre Vergangenheit, aber nicht über ihr Privatleben spricht.

Die Nachfrage nach weiblichen Bodyguards ist derzeit sehr groß. „Das war nicht immer so, im Gegenteil", sagt die Frau, die normaler nicht aussehen könnte: halblanges, blondes Haar, lachsfarbenes T-Shirt, schlichter Schmuck, Jeans. Kein Hauch von Militärstyle, kein Platzhirschverhalten. Nur eine Sonnenbrille zeugt von beruflich bedingter Coolness – und sie verhindert, dass andere sehen, wo Lisa Baldwin gerade hinschaut. Jetzt nimmt sie sie ab und erzählt: „Als ich mit Anfang 20 in das Business eingestiegen bin, hatten die Frauen ein schreckliches Standing. Die Branche war noch viel stärker männerdominiert als heute."

Vor anderthalb Jahrzehnten noch suchten sich die Klient*innen ihre Beschützer*innen oft nach persönlichem Bekanntheitsgrad aus: „Hey, der Typ trainiert in meinem Fitnesscenter, hieß es oft, der ist stark und ausreichend trainiert. Das waren die Jobvoraussetzungen." Gillian Dunne von der International Bodyguard Association sagt: „In knapp zehn Jahren ist die Zahl der weiblichen Bodyguards um ein Zehnfaches angestiegen."

Frauen fallen weniger auf, Diskretion hat Vorrang

Heutzutage könnten weibliche Personenschützer – personal protection officers, kurz PPOs – das ganze Jahr hindurch und rund um die Uhr Aufträge annehmen, während Männer sich nach Jobs umgucken müssten. Die große Nachfrage bedeutet auch, dass Frauen in diesem Beruf deutlich mehr verdienen können als Männer. Wer gut sei, so heißt es in Insider*innenkreisen, bekomme 800 Euro pro Tag aufwärts. Die Gründe für die hohe Frauenquote liegen auf der Hand, sagt Baldwin: „Frauen fallen weniger auf, erst recht, wenn sie – so wie ich oft – Frauen und Familien begleiten, die beispielsweise Angst vor Kidnapping haben."

Reiche arabische Familien, Prominente und hochkarätige Businessleute gehören zu ihren Klient*innen. Namen nennt sie keine. „Diskretion hat Vorrang, das ist selbstverständlich", sagt die Dublinerin, die aus Clontarf, einem der gutbürgerlichen Teile der irischen Hauptstadt, stammt. Vor allem von muslimischen Familien gebe es im Moment mehr Interesse, weil „die es eher nicht wollen, dass die Frauen Männern zu nah sind. Und dann ist da noch die Toilettensituation – wenn man einen männlichen Leibwächter für eine Kundin hat, wird das zum Problem, der kann sie ja nicht begleiten."

Diskretion in allen Lebenslagen gehört zum Job. Es müsse niemand auf Anhieb sehen, dass sie als Leibwächterin gebucht sei. „Ich bin schon mal von Passanten gefragt worden, ob ich die Kinderfrau der Promi-Familie auf dem Spielplatz sei." Emanzipatorisch eine blöde Frage, aber: „Das hieß, dass ich meinen Job gut machte und als Personenschützerin nicht zu erkennen war." Dennoch: Eine klare Grenze zu ziehen sei wichtig.

„Manchmal", sagt sie und presst die Lippen etwas missbilligend zusammen, „denken Klientinnen auch, ich könnte doch auch ihre Einkaufstaschen tragen oder tatsächlich als Babysitterin einspringen." Aber dann fehle die nötige Konzentration, um das komplette Umfeld wahrzunehmen und schnell reagieren zu können. „Ich mache immer klar, dass ich weder Butler noch persönliche Assistentin bin, sondern eher wie eine Freundin – auch wenn ich von mir nahezu nichts preisgebe." Die Klient*innen müssten ihr aber vertrauen, als gebe es eine Freundschaft. „Ich versuche immer, eine besondere Beziehung aufzubauen." Auch das sei eine Fähigkeit, die eher Frauen vorbehalten sei als Männern.

Ausbildung bei einem Ex-MI5-Security-Spezialisten

Lisa Baldwin hat ihre Ausbildung – nach Abitur und einem abgebrochenen Studium in Dublin – bei einem Ex-MI5-Security-Spezialisten in London gemacht. Das sei schon ziemlich „James-Bond-mäßig" gewesen, schmunzelt sie rückblickend, auch wenn ihr Vergleiche mit Kevin Costner in dem Film „Bodyguard" sonst gegen den Strich gehen. „Ich bin darauf trainiert, eine Gefahr zu erkennen, bevor sie passiert. Wenn die Leute denken, dass wir uns in den Kugelhagel werfen oder Leute mit Wucht zur Seite drängen, muss ich sie enttäuschen.“ Genau in diesem Punkt kämen die weiblichen Vorzüge zum Tragen, findet die irische Personenschützerin.

„Frauen haben andere Multitasking-Fähigkeiten als Männer und können Bedrohungen besser erkennen, bevor sie entstehen.“ Sie selbst merke schnell, ob viele Zigarettenstummel neben einem Auto vorm Haus der Klient*innen darauf hinweisen, dass dort jemand länger auf Beobachtungskurs ist. Oder ob jemand ohne Absicht vorbeikomme, zufällig oder mit einem Hintergedanken. Dann heiße es: schnell reagieren, ohne Aufsehen zu erregen. „Ich mache dann den Vorschlag zu gehen, den meine Klienten oberflächlich als spontan einordnen können, obwohl sie wissen, dass wir jetzt exakt das machen, was ich ansage.“ Ein gängiges Missverständnis sei, so Lisa Baldwin, dass man als ehemalige*r Polizist*in oder Soldat*in prädestiniert sei, als Personenschützer*in zu arbeiten. Man müsse gut zwischen Security- und Bodyguard-Aufgaben unterscheiden.

Als Türsteher oder wenn man unbedingt warnend signalisieren möchte, dass man eine Konfrontation nicht scheut oder weil man partout auffallen will, nehme man sich Security-Leute, die bullig dreinschauen und einschüchternd wirken. Aber im Personenschutz, gerade auf dem Level, auf dem Lisa Baldwin sich bewegt, seien Muskelprotze wenig gefragt. „Je unauffälliger ich ins Bild passe, desto besser und stressfreier, ergo sicherer sind die Reisen, Ausflüge oder Shopping-Trips für alle.“ Lisa Baldwin kann überall aussehen, als gehöre sie genau dahin, wie ein menschliches Chamäleon. „Ich kann immer so tun, als hätte ich einen Grund für meine Anwesenheit. Das muss man üben – neben Waffenausbildung und taktischem Fahren gehören auch solche Skills in den Lebenslauf.“ Gerade Frauen könnten solche Sachen besonders gut.

„Manchmal reagiere ich auf Jobausschreibungen, aber meistens werde ich angerufen.“ Dann müsse es oft sehr schnell gehen, mehrere Urlaube habe sie schon für einen Job unter- oder abgebrochen. Oder Interviews. Bislang hat ihr Telefon an diesem Morgen noch nicht geklingelt. „Wenn es heißt: ‚Die Familie XY ist bereits im Flieger nach London, wann kannst du da sein?‘, dann kann ich nicht sagen: ‚In einer Woche oder so.‘“ Jeder Auftrag sei anders, so individuell wie die Klient*innen eben. „Wenn ich eine Familie auf Reisen begleite, dann kontaktiere ich vorher die Hotels, checke die Sicherheitsvorkehrungen und mache mich mit dem Gebäude und dem Gelände vertraut.“ Wichtig sei ihr, mit dem Team des Hotels oder Resorts zusammenzuarbeiten,

Lisa Baldwin ist eine gefragte Personenschützerin mit Sitz in Dublin.

aus menschlicher und professioneller Sicht. „Sonst arbeiten die Leute vor Ort gegen dich, und das kannst du nicht gebrauchen."

Vom aufstrebenden Schwimmtalent zur Leibwächterin

Die Ruhe und Besonnenheit, auch in stressigen oder emotionalen Situationen gelassen zu bleiben, habe sich in ihrer Jugend entwickelt: „Ich war so etwas wie ein Schwimmtalent und durfte mit 15 Jahren von zu Hause ausziehen und in die Niederlande gehen, um dort effektiver zu trainieren, als es in Irland möglich gewesen wäre. Das hat mein Selbstvertrauen stark geprägt." Durch den Sport habe sie gelernt: „Je krasser das Szenario, desto ruhiger solltest du sein." Das sei wie „eine Art Muskelerinnerung, eben wie beim Training, die auch als Leibwächterin zum Einsatz kommt".

Als sportliche Outdoor-Frau fällt es ihr nicht schwer, körperlich fit zu bleiben. Sie gehe oft mit ihren Hunden spazieren und schwimme immer noch gern, sagt sie, wenngleich schon lange nicht mehr auf Wettkampf-Level. „Ich bin froh, mehr zu Hause zu sein, trotz der Reisen für und mit Klient*innen." Gefragt, was mit Kindern und einem Partner sei, antwortet sie ausweichend: „Darüber spreche ich nicht öffentlich." Es sei am besten, wenn keine persönlichen Details bekannt seien, die sie angreifbar machen könnten. Nach dem Motto: Als Personenschützer*in bleibe man als Person besser unter dem Radar.

Genaue Zahlen aus der Branche gibt es kaum. Die Anfragen weiblicher Bewerberinnen steigen bei Professional Bodyguards Ireland Academy in Galway seit Jahren kontinuierlich. Dort gibt es auch Kurse nur für weibliche Personenschützer. Besteht ein ideales Team denn nur aus Frauen? „Nein", sagt Lisa Baldwin, „man sucht sich für Jobs mit mehreren PPOs die richtigen Leute für die richtigen Aufgaben zusammen. Oft bestehen Teams aber aus einem Verhältnis von acht Männern zu zwei Frauen. Aber auch bei einem Sicherheitsteam von zwölf Männern mag ich es, Chefin zu sein – ich behalte gern die Kontrolle."

Lachen gegen das Trauma

Clown*innen im Libanon

Von Julia Neumann, Beirut

Eine Clownin misst den nötigen Mindestabstand, um das Coronavirus zu bekämpfen.

Sabine Choucairs Markenzeichen ist die rote Nase: Als Clownin geht sie auf die Straßen und bringt Menschen zum Lachen. Im Libanon wird das dringend gebraucht: Die Auswirkungen der Explosion am Beiruter Hafen, Corona und vor allem die Wirtschaftskrise lasten schwer auf den Gemütern. Können kurze Momente der Freude wirklich heilen?

Im Beiruter Stadtviertel Sin el-Fil arbeiten zwei junge Männer mit verschmierten Jeans vor einer Autowerkstatt, als eine Frau in goldenem Glitzerkleid auf sie zuhopst. Sabouny trägt eine rote Nase, schwingt ein regenbogenfarbenes Band vor ihnen, lacht und zieht weiter. Hinter der Kunstfigur steckt die ausgebildete Schauspielerin Sabine Choucair. Sie hat Sozialtherapie in New York studiert und 2011 die Theatergruppe Clown Me In gegründet. Mit Workshops und Aufführungen wollen die Performer*innen vor allem Geflüchteten oder ausländischen Arbeiter*innen eine Freude machen.

Ihr Einsatz ist nicht nur bei strukturell benachteiligten Menschen gefragt. Am 4. August 2020 explodierten in Beirut 2.750 Tonnen Ammoniumnitrat im Hafen, der nur durch eine Schnellstraße von Wohnvierteln getrennt ist. Durch die Explosion starben mehr als 200 Menschen, über 6.000 wurden verletzt, etwa 300.000 wurden obdachlos. Die Detonation zerstörte viele Kultureinrichtungen und Theater; Häuser und Wohnungen sind beschädigt. Viele Menschen sind traumatisiert.

Auch durch Choucairs Wohnung im 13. Stock fegte die Druckwelle – die glücklicherweise durch ein großes Weizensilo auf dem Weg gedämpft wurde. Der Stadt fehlen die Gelder für den Wiederaufbau, der libanesische Staat ist pleite. Nach Angaben der Weltgesundheitsorganisation (WHO) leiden mehr als eine Million Menschen in dem nur knapp sechs Millionen Einwohnende zählenden Land an Hunger. Durch die seit 2019 anhaltende Inflation sind Essen, Medizin und selbst Strom zu teuer für die Mehrheit der Bevölkerung geworden.

In dieser Atmosphäre versuchen Choucair und ihre Gruppe, Kinder und Jugendliche auf andere Gedanken zu bringen. Im Jahr 2021 spielten sie insgesamt 116 Shows. Nach der Detonation gingen sie 47-mal auf die Straße, um traumatisierte Kinder zum Lachen zu bringen. Bei dem Straßenumzug durch

Sin el-Fil läuft Sabouny mit fünf Clown*innen, trommelnd und pfeifend, umringt von vielen Kindern, zu einem Spielplatz. Dort führt die Theatergruppe eine Show auf. Mit schäumender Seife waschen sie die Hände von einigen Kindern in kleinen Wasserschalen, eine Clownin sprayt Desinfektionsmittel in die Menge und ruft laut: „Coronaaa!“, während sie Masken verteilt. Die Clown*innen tanzen und formen Ballonfiguren.

Lachen über den Ernst des Lebens

Sabine Choucair ist eine energische Frau; wer sie trifft, bekommt gute Laune. Sie kann ihre Stimme ins Quietschende verstellen und macht witzige Geräusche nach, während sie redet. Bei einem Treffen in ihrem Zuhause in Beirut erklärt sie den ernsten Hintergrund ihrer Arbeit: „Wir sind alle traumatisiert. Beginnend mit dem Bürgerkrieg, über den Krieg mit Israel 2006 bis zur heutigen Finanzkrise, Covid-19 und der Explosion. Und herumalbern ist ein Weg, unsere mentale Gesundheit zu unterstützen. Das mag sich lustig anhören und verrückt, aber das Clownswesen gibt uns die Möglichkeit zu lachen. Und lachen selbst ist schon heilend.“

Wenn Menschen traumatisiert werden, falle der Körper in eine Art Starre. „Durch das Kaspern und Spielen öffnet sich unser Körper, wir bewegen uns. Das macht Spaß, ist positiv und hilft unserer mentalen Gesundheit.“ Die Clown*innen führen heute ein erprobtes Stück auf, bei dem sie nicht nur die Kleinen, sondern auch die Großen einbeziehen. Sabouny bittet einen Vater, ihr Bein möglichst hochzuhalten, während sie einbeinig einen Hula-Hoop-Reifen um ihre Hüfte schwingt. Die Kinder lachen laut, und auch die Eltern scheinen sichtlich begeistert von der Einlage.

Die zehnjährige Jennifer sitzt in der ersten Reihe – und springt am Ende bei der Tanzeinlage der Clown*innen selbst auf, um Arme und Hüften zu schwingen. „Mir hat es sehr gefallen“, sagt sie hinterher und ist noch etwas aus der Puste. „Wir haben uns alle amüsiert, es war wirklich sehr toll, und ich mochte, was passiert ist.“ Auch ihre Mutter spricht ein Lob aus: „Es war wirklich sehr schön. Bei all den Problemen mit Corona klären sie die Jugend des Landes über Themen wie Hygiene und den Schutz vor dem Virus auf.“

Dabei behandelt die Show durchaus harte Themen: Bei einem Stück stirbt ein Clown, seine Freundinnen schluchzen und weinen laut – während der Tote unbemerkt wiederaufersteht. „Wir setzen uns nicht unbedingt hin und sprechen direkt darüber, was passiert ist“, erklärt Choucair. „Wir machen spielerische Übungen, albern herum, und daraus entstehen fantasievolle

Performerin Sabine Choukheir (links) bei einer Clownparade in Beirut mit verwunderten Kfz-Mechanikern (rechts).

Charaktere, die wunderliche Ereignisse durchlaufen – die alle ähnlich sind wie das, was die Kinder durchmachen."

Dabei gibt es Grenzen: „Wir können nicht die Probleme der Welt lösen. Für mich heißt das: Wenn ich ein, zwei Stunden gemeinsam mit anderen Freude verspüre, dann ist das erst mal genug", sagt die Clownin. Danach gehe es ihr schon besser, sie habe einen guten Tag. „Nachdem du eine Stunde lang gelacht hast, fühlst du dich entspannt. Es ist aber nicht nur das: Es entsteht ein Raum oder ein Gefühl, zu dem du zurückkannst."

Freude nachhaltig spüren können

Deshalb machen die Clown*innen auch Theatertherapie und leisten psychosoziale Unterstützung durch Workshops mit Kindern und Jugendlichen. Sie bringen ihnen Techniken bei, wie sie das Hochgefühl wieder abrufen können. In der kleinen libanesischen Stadt Barja, etwa eine Autostunde von Beirut entfernt, arbeitet Ghalia Saab mit einer festen Gruppe von Jugendlichen.

Sie sollen zum Beispiel Paare bilden und gegenseitig Bewegungen nachmachen.

Die Gruppe führte vor der Pandemie ein Theaterstück auf. Darin thematisierten die Mitglieder Korruption, Frauenrechte und die Massenproteste. Sie dachten sich eine Explosion aus – die sinnbildlich dafür stand, dass die Menschen aufwachen und sich erheben sollten. Doch dann wurde aus der Theaterszene auf einmal Realität. Das Leben im Libanon, sagt Saab, sei emotional belastend. „Nach der Explosion fühlte ich mich taub, war wie ein Zombie", erzählt die 28-Jährige. „Ich habe nichts gemacht oder nachgedacht, geweint und mich gefragt: Warum bin ich noch am Leben?"

Lachen hilft auch den Clown*innen selbst

Die Clown*innen hatten nach dem Unglück am Hafen zunächst keine Energie übrig. „Wir sind Syrer, Palästinenser und Libanesen, die im Libanon leben. Wir waren alle sehr stark betroffen", erzählt Choucair. „Als ich fragte, ob wir Aufführungen machen wollen, haben viele erst mal Nein gesagt,

„Theater ist kein Allheilmittel. Aber es kann durchaus dabei helfen, Traumata zu verarbeiten", sagt die Clownin Sabine Choucair.

weil sie sich so niedergeschlagen fühlten. Aber dann sind wir zusammengekommen und haben entdeckt, dass uns das Beisammensein und das Proben positiv beeinflusst haben. Es hat mich jetzt nicht zu einer erstaunlich positiven Frau gemacht, die lacht und ihr Leben genießt. Aber es hat einen großen Unterschied gemacht: Statt alleine zu Hause zu sitzen, bin ich Teil einer Art Selbsthilfegruppe geworden."

Auch bei Saab löst das Beisammensein ein Hochgefühl aus: „Zusammen haben wir all diese Energie. Clownin zu sein ist ein bisschen wie eine Sucht. Es fühlt sich an, als ob dein Gehirn stoppt, und du willst einfach mehr von diesem Rausch." Für Saab ist es auch die Chance, als Clownin Solange quasi in ihre zweite Persönlichkeit zu schlüpfen. „Es ist wie eine Maske, die ich trage. Als Clown ist die Realität nur eine Szene. Das ist cool, weil ich die Grenzen ausreizen kann." Ihre Arbeit können die Clown*innen nur durch internationale Gelder wie von Unicef oder der Organisation Clowns ohne Grenzen finanzieren.

Der Libanon hat zwar eine beachtliche Kunst- und Kulturszene, staatliche Investitionen beschränkten sich aber auch in der Blütezeit nach dem Bürgerkrieg (1975–1990) auf das Finanzwesen und den Immobilienmarkt. 1993 wurde das Kulturministerium eingerichtet, das zwar Zuschüsse zu Produktionen gewährt – Kulturschaffende berichten aber, dass es schwer ist, an diese Gelder zu kommen, und Künstler*innen jahrelang auf die Auszahlung warten. Hinzu kommt, dass die libanesische Währung durch die Finanzkrise immer weiter an Wert verliert. Die Clown*innen arbeiten daher teilweise unentgeltlich. Gleichzeitig bekommen sie etwas Wertvolles zurück: „Das Clownswesen ist in erster Linie eine großartige Therapie für uns Darsteller selbst", weiß Sabine Choucair.

Theatertherapie: Keine magische Lösung

Doch kann simples Fröhlichsein über die Tragik des Alltags hinwegtrösten oder gar Traumata lindern? „Wir sollten nicht zu viel von Theater erwarten", sagt die Theaterwissenschaftlerin Sahar Assaf. „Aber Theater hat die Kraft, dir Distanz und Perspektive zu geben, um Ereignisse zu betrachten und zu beurteilen, was geschehen ist. Das Theater gibt dir die Sichtweise, dass Dinge sich ändern können. Du kannst die Zukunft sehen oder sie erträumen, und so veränderst du die Menschen."

Assaf lehrt das Fach an der Amerikanischen Universität in Beirut und hat mit Menschen in einer psychiatrischen Klinik sowie im Gefängnis

Die Clowninnen Sabine Choukheir (goldenes Kleid) und Ghalia Saab tanzen mit Kindern im Beiruter Viertel Sin el-Fil.

therapeutisches Theater gespielt. „Theater ist ein Ort, an dem eine Gemeinschaft entstehen kann. Für mich ist es deshalb etwas, auf das wir ein Anrecht haben sollten – wie auf Bildung, Essen oder Sicherheit. Ich kenne keine andere Form der Kunst, die vermag, was Theater schafft. Ohne Theater haben wir in diesem Land keine Chance auf kollektive Heilung."

Assaf glaubt, dass Theater eine heilende Wirkung entfachen kann – auch wenn es klassische Therapieformen nicht zu ersetzen vermag. „Es gibt viel Magie im Leben, aber es gibt keine magische Lösung, die uns von extrem traurig und traumatisiert zu extrem glücklich und nicht traumatisiert führt", gibt auch Clownin Sabine Choucair zu. Aber sie glaubt fest daran, dass Lachen einen positiven Effekt auf die Seele hat: „Heilung ist ein Prozess, es ist eine Reise, und das Herumalbern ist ein Teil dieser Reise."

Die Frau mit dem Chip im Arm

Digitale Transformation im menschlichen Körper

Von Anne Klesse, Hamburg

Kim Egger hat zwei Chips unter der Haut.

Sogenannte NFC-Chips stecken in Geldkarten und Smartphones. NFC steht für Near Field Communication, also Nahfeldkommunikation. Die 26-jährige Hamburgerin Kim Egger ließ sich zwei dieser Chips unter die Haut pflanzen. Wir haben die außergewöhnliche Frau getroffen.

Kim Egger steht am Warenband und verstaut ihre Einkäufe in der Tasche. Der Supermarktmitarbeiter tippt auf sein Touchpad, die Kasse zeigt den zu zahlenden Betrag an. Er fragt: „Karte oder bar?" Egger schiebt den rechten Ärmel ihrer Jacke hoch und hält ihren Unterarm an das Lesegerät. Dann folgen ein kurzer Piepton der Kasse und ein leises Rattern des Druckers. Egger nimmt den Einkaufsbeleg und verabschiedet sich.

Die 26-Jährige hat seit Herbst 2020 einen Chip zwischen Handgelenk und Ellenbogen, mit dem sie ähnlich wie mit einer Kreditkarte bezahlen kann. Theoretisch zumindest – aktuell hat sie kein Guthaben darauf geladen, da sie wegen der Corona-Schutzvorrichtungen an den allermeisten Kassen ohnehin nicht nah genug mit ihrem Arm an das Lesegerät kommt.

I am Robot, ein deutscher Anbieter solcher NFC-Chips, weist für die Einrichtung auf seiner Webseite darauf hin, dass das Implantat einfach an das Smartphone gehalten und dann mit einer App verwaltet, aufgeladen und auch gesperrt werden kann. So werden Transaktionen synchronisiert. Der Chip funktioniert wie in einer Prepaidkarte und wird via Online-Direktüberweisung aufgeladen. Im Webshop kostet ein solches NFC-Implantat je nach Konfiguration zwischen 160 und 350 Euro.

Wenn Egger die Stelle, an der ihr Chip unter der Haut sitzt, betastet, kann sie die Kanten des etwa 2,6 mal 1,6 Zentimeter großen Biopolymer-Teils fühlen. Mittlerweile hat sich Egger einen weiteren Chip zugelegt: einen reiskorngroßen Stift an ihrer linken Hand zwischen Zeigefinger und Daumen, der ihre Handynummer gespeichert hat und rot aufleuchtet, wenn er mit einem entsprechenden Lesegerät oder Handy kommuniziert.

Kim zeigt ihren stäbchenförmigen Chip in der Hand.

Selbstversuch für die Bachelorarbeit

Für ihre Bachelorarbeit im Bereich Marketing und Digitale Medien am FOM Hochschulzentrum in Hamburg beschäftigte sie sich 2020 mit dem Thema NFC, der sogenannten Nahfeldkommunikation – auf Englisch Near Field Communication. Dabei geht es um einen internationalen Übertragungsstandard zum drahtlosen Austausch von Daten über kurze Distanzen bis maximal 20 Zentimeter. Die Technik dahinter nennt sich RFID oder auch Radio Frequency Identification.

Es gibt sie bereits seit den 70er-Jahren. Bei ihr werden über elektromagnetische Induktion Daten übertragen, und sie kommt vor allem beim Micropayment, also dem kontaktlosen Zahlen kleiner Beträge, zum Einsatz. NFC-Chips stecken beispielsweise in Etiketten im Einzelhandel oder in EC- und Kreditkarten, die dadurch für Zahlungen nicht mehr in ein Lesegerät gesteckt, sondern lediglich nah drangehalten werden müssen. Auch Bezahlformate wie Apple Pay funktionieren über NFC oder Ticketsysteme im öffentlichen Nahverkehr, Hunde werden seit langer Zeit damit registriert.

Mit ähnlichen Chips unter der Haut ließen sich Türen öffnen oder passwortgeschützte Computer entsperren – die Einsatzmöglichkeiten sind vielfältig. Noch ist das hierzulande für die breite Masse allerdings Zukunftsmusik.

Um sich für ihre Abschlussarbeit nicht nur theoretisch mit der Frage nach der Akzeptanz von NFC-Handimplantaten im Zahlungsverkehr zu beschäftigen, entschied sich Egger damals für einen Selbstversuch. Ihr prüfender Professor sei sofort „Feuer und Flamme für das Thema" gewesen.

Live-Chipping auf Veranstaltungen

Anderthalb Jahre zuvor hatte sie zum ersten Mal bei einem Vortrag von Patrick Kramer davon gehört. Der Gründer des Hamburger Unternehmens Digiwell – sein Motto lautet „Build a better you!" – hatte über seine Visionen im Bereich Biohacking gesprochen und darüber, wie vermeintliche Schwachstellen im menschlichen Körper mittels digitaler Technologie optimiert werden könnten. Er erwähnte, dass er selbst mehrere Mikrochips im Körper trage, auf denen er unter anderem medizinische Daten gespeichert habe.

Kramer chippte auf Veranstaltungen wie der Cebit in der Vergangenheit schon live auf der Bühne Freiwillige; seit mehr als einem Jahrzehnt wirbt er für diese Art des Biohackings. Bislang sind nach Expert*innenschätzungen nur wenige Tausend Menschen in Deutschland gechippt. In anderen Ländern ist die digitale Transformation des Menschen schon populärer. In Schweden etwa tragen seit einiger Zeit Mitarbeitende des Tui-Tochterunternehmens Nordic einen Mikrochip in der Hand und bedienen damit Spindschlösser, Türen und Snackautomaten.

Auf dem besagten Event in Deutschland sah Egger dabei zu, wie jemandem aus dem Publikum ein solches Implantat unter die Haut gesetzt wurde. Sie war fasziniert und recherchierte danach weiter: „Das Thema hat mich seither nicht mehr losgelassen." Schließlich fand sie einen Bodymodder in Düsseldorf – so nennen sich Menschen, die Körper mit Piercings, Tätowierungen, Schmucknarben oder Implants verändern.

Während dieser seinen Kund*innen sonst eher Hörner auf der Stirn modelliert oder die Zunge spaltet, setzte er Egger den vorher online gekauften Speicherchip ein. „Das war nicht ganz ohne, der Eingriff tat schon weh", erinnert sie sich. Auch danach habe sie noch mehrere Wochen lang einen großen blauen Fleck am Arm gehabt. Ein Jahr später ist nun eine kleine rosa Narbe zu sehen.

In einer Umfrage für ihre Bachelorarbeit zeigten sich die meisten von ihr Befragten 2020 zwar einerseits offen dafür, einen solchen Chip zum Beispiel mit Notfalldaten im Körper zu tragen. „Das wäre einfach und praktisch",

Kim Egger arbeitet aktuell als Sendeassistentin im Hörfunk.

findet auch Egger. „Gerade Menschen mit chronischen Krankheiten oder Vorerkrankungen könnten lebenswichtige Daten auf ihr Implantat laden, sodass im Notfall Sanitäter oder Ärzte diese per Lesegerät sofort verfügbar hätten." Um lediglich den Vorteil einer weiteren Bezahlmethode zu haben, lehnten die meisten Befragten einen solchen Eingriff jedoch ab.

In Deutschland haben viele Datenschutzbedenken

Angst vor Komplikationen, aber auch Fragen rund um Datenschutz sind demnach die größten Befürchtungen. „In anderen Ländern sind die Menschen bei dem Thema sehr viel offener", weiß Egger aus ihren Recherchen. „In Deutschland haben viele Angst davor, dass ihre Daten geklaut oder missbraucht werden könnten." Dabei sei das unbegründet, sagt sie, weil die Chips nur dann ausgelesen werden könnten, wenn sie sehr dicht an ein entsprechendes Lesegerät gehalten würden. Sie selbst habe in der Hinsicht jedenfalls keine Bedenken.

Ihr Umfeld ist da etwas weniger offen. Ihre beste Freundin war dabei, als Egger zum ersten Mal mit ihrem Unterarm in einem Supermarkt bezahlte. „Die fand schon den Gedanken schrecklich, einen Fremdkörper unter der Haut zu haben“, erinnert sich Egger, die nach Ende ihres Studiums beim NDR-Hörfunk als Sendeassistentin arbeitet. „Als meine Eltern und mein älterer Bruder davon erfuhren, haben die zuerst gedacht, ich wäre nicht ganz dicht.“ Mittlerweile aber hätten sich Familie und Freunde daran gewöhnt, dass sie so begeistert von den digitalen Möglichkeiten des Biohackings sei.

Auf dem zweiten Chip kann sie mittels einer Smartphone-App theoretisch alle möglichen Daten speichern, zum Beispiel ihre Visitenkarte oder ein Social-Media-Profil. Der Speicherplatz ist mit 1.912 Byte Schreib- und Lesespeicher allerdings recht gering – gängige USB-Sticks haben in der Regel Speicherkapazitäten im Gigabyte-Bereich. Derzeit ist auf ihrem glasummantelten „Reiskorn“ also lediglich ihre Handynummer hinterlegt.

Egger denkt an eine romantische Cyborgbegegnung: „Ich stelle mir vor, wie ich einem Mann, der mich im Club anspricht, per NFC meine Handynummer gebe, das fände ich sehr cool.“ Sie lacht. Die Szene hat etwas von Science-Fiction. Aktuell seien die Chips für sie vor allem eine Spielerei. „Aber je leistungsstärker diese werden, desto interessanter wird die Technologie auch für mehr Menschen“, glaubt sie. Dann wird aus Zukunftsmusik ganz schnell Realität.

Zurück zu den Wurzeln

Frauen revolutionieren Italiens Landwirtschaft

Von Helen Hecker, Palermo

Die 42-jährige Emilia Blasi ist Pionierin im Bereich Biolandbau in Apulien, Süditalien.

Trockenheit, kaputte Böden und die Abwanderung junger Menschen: Süditalien steht nicht nur ökologisch, sondern auch sozial vor einer Belastungsprobe. Ein Trend zeigt nun, dass vor allem Frauen dagegenhalten und mit Biolandbau-Methoden und Kreativität den ökologischen Wandel vorantreiben.

Entschlossen steckt Emilia Blasi ihre Hände in den Kompost und prüft mit kritischem Blick seine Qualität. Zwischen ihren Fingern schlängelt sich ein kleiner Regenwurm aus dem noch dampfenden Humus. „Was ich in meinen Händen halte, ist pures Gold", ruft sie triumphierend. Was bei anderen Ekelgefühle auslösen würde, erfüllt die 42-Jährige mit Stolz. Vor sieben Jahren kehrte sie in ihre Heimatstadt Grottaglie in Apulien zurück und traf dabei eine Entscheidung: Sie übernahm die Farm ihrer Eltern und setzte im Gegensatz zu anderen Landwirtschaftsbetrieben in der Region auf regenerative Anbaumethoden.

„Das bedeutet, dass ich nicht nur wie beim Bio auf Pestizide und Kunstdünger verzichte, sondern zusätzlich dem Mutterboden helfe, sich selbst zu regulieren", erklärt die Weinbäuerin. Zum Umdenken hätten sie vor allem die Klimaereignisse der vergangenen Jahre bewegt. Heute ist sie sogar die Erste in Italien, die Tafeltrauben nach Methoden der regenerativen Landwirtschaft anbietet.

Massenflucht vom Land

Dass aus ihr eine Landwirtin werden könnte, hätte sie bis vor einiger Zeit selbst nicht geahnt. Vor 18 Jahren verließ sie wie viele junge Süditaliener*innen ihre Heimat. „Ich wollte die Welt entdecken und mehr aus meinem Leben machen. Zu Hause schien mir das unmöglich", erzählt sie. Blasi ging nach Rom, machte ihren Doktor in Politikwissenschaften, fand eine Festanstellung bei einer internationalen Organisation und gründete eine Familie. Obwohl sie in Rom glücklich war, wuchs ihre Sehnsucht nach dem Leben auf dem Land.

Doch wie rund 134.000 Italiener*innen, die jährlich aus Süditalien abwandern, sei ihr klar gewesen, dass es in Apulien wenig Perspektive gab:

„Es mangelt nicht nur an Arbeitsplätzen, sondern auch an Ressourcen, einer funktionierenden Infrastruktur und öffentlichen Dienstleistungen", erklärt Blasi das Problem. Laut dem Italienischen Amt für Statistik verließ in den vergangenen zwei Jahren – rein rechnerisch – alle zehn Minuten ein*e unter 30-Jährige*r den sogenannten Mezzogiorno und rund 71 Prozent der Gesamtbevölkerung Italiens leben heute in den Städten. Für Blasi steht fest: „Die Massenflucht vom Land lässt ein Territorium, das viel bieten könnte, mehr und mehr verarmen."

Aus Liebe zur Natur

Als ihre Eltern die Familienfarm nicht mehr allein bewirtschaften konnten, kehrte Blasi der Großstadt den Rücken. Kurzentschlossen nahm sie an einem Förderprojekt der Region teil und absolvierte einen Kurs in regenerativer Landwirtschaft. „Dadurch entdeckte ich, dass noch mehr ging als ‚nur bio'", erklärt sie. „Unsere landwirtschaftlichen Methoden sind so natürlich, dass wir nicht einmal Produkte zur Düngung oder Schädlingsbekämpfung verwenden, die normalerweise für Bio zugelassen sind." Denn im Gegensatz zum Biolandbau, erklärt Blasi, zielt der regenerative Ackerbau darauf ab, so wenig wie möglich in natürliche Kreisläufe einzugreifen und stattdessen das Ökosystem ins Gleichgewicht zu bringen.

Bemerkenswert sei vor allem, dass der Ansatz viele der landwirtschaftlichen Traditionen aufleben lasse, die bereits ihre Großeltern sowie deren Vorfahr*innen angewandt hätten. „Früher produzierte meine Familie Wein, Oliven und Gemüse allein zur Selbstversorgung. Und wenn man etwas für sich selbst herstellt, dann macht man es meistens gut und gesund", gibt die zweifache Mutter zu bedenken.

Diese große Liebe zum gesunden Essen sei in Italien nicht nur stark verwurzelt, sondern wohl auch ein Grund für die Vorreiterrolle des Mittelmeerstaats im Biolandbau. Laut dem Forschungsinstitut für biologischen Landbau (FiBL) ist Italien mit 70.561 Betrieben das EU-Land mit den meisten Bioproduzent*innen – Deutschland hat im Vergleich nur gut 26.000 – und mit knapp 2,3 Milliarden Euro Exportvolumen der weltweit zweitgrößte Exporteur von Bio-zertifizierten Nahrungsmitteln.

Der ökologische Wandel von Frauenhand

Emilia Blasi ist dabei nicht die einzige Frau in Italien, die dem Trend „Bio made in Italy" folgt. Denn nach Angaben der Naturschutzorganisation

WWF sind es vor allem Frauen, die den agrarökologischen Wandel auf dem Stiefel vorantreiben. So wird nicht nur jeder dritte landwirtschaftliche Betrieb in Italien von einer Frau geführt, sondern auch knapp 30 Prozent der Biobetriebe sind in weiblicher Hand. Insbesondere in sogenannten multifunktionalen Agrarbetrieben, also solchen, die neben der Landwirtschaft auch Ökotourismus sowie soziale und kulturelle Aktivitäten anbieten, geben die italienischen Frauen den Ton an.

„Frauen, die einen landwirtschaftlichen Betrieb führen, machen dies meist aus Berufung und nicht nur wegen des Geschäfts", erklärt Pina Terenzi, Präsidentin des Vereins Donne in Campo, zu Deutsch „Frauen auf dem Feld". Ihrer Meinung nach wollen die meisten von ihnen mit ihrer Arbeit einen Grundstein für eine bessere Zukunft legen. Auch Blasi bietet Workshops und touristische Entdeckungstouren an, um vor allem bei Kindern, aber auch bei Erwachsenen „das Umweltbewusstsein zu schärfen und meine Farm wirtschaftlich zu stärken".

Die studierte Politologin weiß auch, wie schwierig es ist, in einer von Männern dominierten Welt Landwirtin zu sein: „Eines der größten Probleme für mich ist, dass ich eine Frau bin", gesteht sie. „Viele Männer beäugen dich misstrauisch auf Schritt und Tritt und warten nur darauf, dass du scheiterst. Da muss frau sich ein dickes Fell zulegen." Dass sie bei der harten Arbeit auf dem Feld dennoch oft an ihre körperlichen Grenzen stößt, streitet sie nicht ab: „Wenn es meinen Vater nicht gäbe, könnte ich einige Dinge nicht machen. Aber ich bin davon überzeugt, dass jede*r in etwas anderem gut ist."

Lieber weniger als mehr

Sie selbst zeichnet sich wohl vor allem durch die Willensstärke aus, mit der sie die Familienfarm umgewandelt hat. Seit nunmehr fünf Jahren hat sie dort das Sagen und kümmert sich mit der Unterstützung ihrer Eltern beinahe allein um alle Geschicke. „Nur für große Arbeiten und die Ernte holen wir uns Hilfe dazu. In Zukunft soll sich das aber ändern", hofft Blasi. Das erste Produkt, mit dem ihr der Sprung auf den Markt gelungen ist, sind die für Apulien typischen Tafeltrauben. 25 Tonnen habe sie davon im vergangenen Jahr geerntet. Zudem führe der Betrieb nun auch sein eigenes Produktsortiment aus Konfitüren, frischen Säften und Olivenöl. Ein enormer Erfolg – insbesondere gegenüber ihren Skeptikern*innen, zu denen anfangs auch ihr Vater gehörte.

„Zwar hatte er nichts dagegen, wie schon früher der Chemie auf den Feldern zu entsagen. Als ich ihm aber sagte, dass wir den Boden nicht pflügen

„Was ich in meinen Händen halte, ist pures Gold“, sagt Emilia Blasi.

dürfen, sondern überall Kräuter säen müssen, die er zuvor als Unkraut jätete, schaute er mich nur ungläubig an", erzählt Blasi. Heute habe er seine Meinung jedoch revidiert und würde stolz die Früchte der Arbeit ernten.

„Begrünung ist entscheidend, um den Boden mit Mikroorganismen zu nähren, so sein Gleichgewicht wiederherzustellen und die Verwurzelung zu fördern. Dadurch wird er vor Erosion geschützt", erklärt die Autodidaktin. Das Zauberwort heiße Biodiversität, denn Monokulturen und die maschinenbetriebene Landwirtschaft sorgten seit Jahrzehnten dafür, dass sich Böden verdichteten und schließlich unfruchtbar werden würden.

Humus – ein Klimaretter?

Auch eine Forschungsgruppe der Universität Basel warnt vor dem weltweiten Bodenverlust. So prognostizierte sie einen jährlichen Schwund von bis zu 28 Milliarden Tonnen bis zum Jahr 2070. Das sind zwei Drittel mehr als noch vor fünf Jahren. Vor allem klimatische Extremereignisse wie Starkregen und Trockenheit würden das Risiko erhöhen. Ernteausfälle, eine schleichende Versteppung vieler Gebiete oder verheerende Überschwemmungen seien die Folgen.

Laut dem Joint Research Centre der Europäischen Kommission zählt Italien mit einer Erosion von 33 Prozent der gesamten landwirtschaftlichen Nutzfläche bereits jetzt zu den am stärksten betroffenen Ländern Europas. In einem Bericht der Forschungsstelle wird deutlich, dass die Schädigung der Bodenstruktur nicht nur gravierende Auswirkungen auf die Umwelt hat, sondern auch wirtschaftliche Folgen: Mit einem jährlichen Verlust von 619 Millionen Euro der landwirtschaftlichen Produktivität zahlt der Staat schon jetzt die höchste Rechnung im europäischen Vergleich. Der Gesamtschaden der EU beläuft sich jährlich auf rund 1,25 Milliarden Euro.

Doch Ackerbau muss nicht zwangsweise der Umwelt schaden, sondern kann sogar zum Klimaschützer werden. Das weiß auch Emilia Blasi: „Wenn Böden nicht bearbeitet werden und sich stattdessen selbst regulieren, sind sie imstande, riesige Mengen Kohlendioxid zu speichern, die sonst unser Klima belasten würden." Voraussetzung dafür sei der konsequente Humusaufbau.

„Je mehr Humus ein Boden enthält, desto mehr CO_2 kann klimawirksam gespeichert werden", erklärt die Bioexpertin. Die Ernährungs- und Landwirtschaftsorganisation der Vereinten Nationen (FAO) geht sogar davon aus, dass die CO_2-Emissionen auf ökologisch bewirtschafteten Flächen um 48 bis

66 Prozent niedriger sind als auf konventionellen. „Auch wenn ich die Rückkehr aufs Land nie bereut habe, gibt es Momente, in denen ich das Gefühl habe, auf einen Berg zu klettern und plötzlich keine Kraft mehr zu haben", gibt Blasi zu.

Ein Netzwerk für die Zukunft

Problematisch sei es vor allem, Vertriebsketten aufzubauen und Supermärkte zu finden, die bereit seien, Produkte ohne Bio-Siegel zu vertreiben. „Obwohl wir sogar ökologischer als ‚bio' sind, kommt man ohne Label nicht voran. Doch bis ein Betrieb wie wir Bio-zertifiziert wird, kann es Jahre dauern", bedauert Blasi. Die Ernte habe aber keine Zeit, auf die Beurteilung durch EU-Richtlinien zu warten. „Gäbe es mehr Betriebe in der regenerativen Landwirtschaft, dann hätten wir auch mehr Verhandlungsstärke", ist sie überzeugt. Dabei wünscht sich die Landwirtin nicht nur für die Vermarktung stärkere Netzwerke für die Zukunft.

„Von der Verpackung bis hin zur Logistik stehen viele Kleinbetriebe alleine da. Unterstützung muss jedoch nicht immer monetär sein. Auch der Erfahrungsaustausch oder kostenlose Trainings helfen, um sich zu strukturieren." Sie selbst schloss sich letztes Jahr mit anderen Entrepreneur*innen aus unterschiedlichen Bereichen unter der regionalen Destinationsmarke Salento delle Murge zusammen. Daraus ist die Frauenarbeitsgruppe Creo hervorgegangen, die sich unter der Leitung von Blasi um digitale Strategien für die Marke kümmert. Blasi ist überzeugt: „Frau in der Landwirtschaft zu sein bedeutet heutzutage, sowohl einen Traktor fahren zu können als auch die Welt mit neuen Ideen ein Stück weit zu revolutionieren."

Die Damen-Werkstatt

Mehr Frauen in der Technikbranche

Von Sarah Tekath, Amsterdam

Auch wenn die Beine nur einer Schaufensterpuppe gehören – die Botschaft ist echt.

Die Autobranche ist immer noch stark männlich dominiert. Zwei Schwestern in den Niederlanden gründeten deshalb das erste Autohaus des Landes mit einer Werkstatt von Frauen für Frauen. Und sie sind nicht allein, denn es gibt noch weitere Wegbereiterinnen, die mehr Frauen in Technikberufen sehen wollen.

Eine Frau liegt unter einem Auto. Nur ihre Beine ragen hervor. Auf dem Parkplatz eines Einkaufszentrums in 's-Hertogenbosch verrenken sich die Einkaufenden im Vorbeigehen die Hälse, bleiben stehen oder machen Fotos. Braucht die Frau Hilfe? Gab es einen Unfall? Auf der hellblauen Skinny Jeans und den korallenfarbigen Pumps ist kein Blut zu erkennen. Beim genaueren Hinschauen fällt etwas auf. Neben der Frau steht ein pinkfarbener Werkzeugkasten auf dem Boden: Sie repariert ihr Auto. Auch wenn die Beine nur einer Schaufensterpuppe gehören – die Botschaft ist echt.

Es handelt sich um eine Guerilla-Marketingaktion von De Dames van Hurkmans, der ersten Frauenautowerkstatt der Niederlande. Eröffnet wurde sie 2016 von den Schwestern Janita und Mariëlle Hurkmans. Die beiden sind mit Autos aufgewachsen, schon ihre Eltern gründeten zusammen ein Autohaus. Darum haben auch sie sich für eine Laufbahn in diesem Bereich entschieden: Mariëlle Hurkmans im handwerklichen Bereich und Janita Hurkmans im Verkauf.

In ihrer Werkstatt mit angeschlossenem Autohaus, die bis heute noch die einzige unter weiblicher Leitung in den Niederlanden ist, übernehmen vornehmlich Frauen das Reparieren, Verwalten und Verkaufen. Insgesamt arbeiten hier elf Personen, davon sieben Frauen. Es arbeiten aber auch vier Männer in der Werkstatt und bei der Sachbearbeitung von Schäden, da den Gründerinnen Diversität wichtig ist. Der erste kam schon im Gründungsjahr 2016 ins Team.

Weibliche und männliche Kundschaft

Die Schwestern Hurkmans haben mehr als 15 Jahre Erfahrung in der Branche und wissen: Das durchschnittliche Autohaus ist von Männern für Männer gemacht. Darum orientieren sich die Gründerinnen in ihrem

Unternehmen an weiblichen Kunden. „68 Prozent unserer Kundschaft sind Frauen. Wir haben aber auch festgestellt, dass Männer gern zu uns kommen", sagt Janita Hurkmans. „Sie sind froh, wenn sie nicht so tun müssen, als ob sie sich mit Autos auskennen, obwohl sie gar keine Ahnung haben."

Auch von Kundinnen habe sie in Gesprächen erfahren, dass diese sich in dem Frauenautohaus sicherer fühlten und keine Scheu hätten, Fragen zu stellen. „Bei Männern haben sie die Sorge, dass sie als dumm angesehen werden." Auch die Beratung von Frau zu Frau sei anders, erklärt Hurkmans. „Bei Verkäufern ist es oft so, dass sie sofort loslegen mit langen Monologen zu den Besonderheiten des Autos. Da bekommt man Dinge angedreht, die man ursprünglich gar nicht haben wollte. Wir machen das hier anders. Wir lassen die Kundschaft reden und hören gut zu, was die Wünsche sind."

Außerdem bieten die Schwestern Hurkmans Workshops an, etwa mit dem Titel „Pannen ohne Männer". Hier lernen die Teilnehmerinnen, was es bedeutet, wenn eine Kontrollleuchte angeht, wie man einen Reifen wechselt und den Ölstand prüft oder wie bei einem Unfall das Schadensformular für die Versicherung ausgefüllt werden muss.

Janita und Mariëlle Hurkmans haben eine Autowerkstatt von Frauen für Frauen gegründet.

Bei De Dames van Hurkmans sind Frauen in der Überzahl.

Auch die Räumlichkeiten der Werkstatt und des Showrooms sind auf die Zielgruppe abgestimmt: Dekoriert mit bunten Kissen, auf Tischen liegen Frauenmagazine, und sogar verschiedene Nagellacke stehen bereit, falls die Kundinnen die Wartezeit mit einer Maniküre überbrücken wollen. Natürlich wissen die Damen von Hurkmans, dass sie hier mit Klischees spielen und dass nicht jede Frau gern Nagellack trägt.

Deswegen nervt es Janita Hurkmans, dass im Rahmen der großen Medienaufmerksamkeit, die sie in den Niederlanden bekommen, auch ein Artikel erschienen ist, der sich nur auf das Detail der Nagellacke fokussiert hat. „Das ist nur ein Mini-Teil von unserem Konzept. Da habe ich mich schon gefragt, ob der Journalist nicht etwas anderes hätte schreiben können. Wir haben unser Autohaus von null aufgebaut, schließen große Deals ab und sind so weit gekommen. Das haben wir ja nicht nur wegen des Nagellacks geschafft, sondern weil wir wissen, was wir tun."

Nur drei Mädchen in der Berufsschulklasse

Dass gestylte Fingernägel und Autoreparaturen sich nicht gegenseitig ausschließen, weiß auch Lisa Versteeg. Die 22-Jährige trägt lange, spitz gefeilte Acrylnägel und arbeitet seit drei Jahren als Automechanikerin bei De Dames van Hurkmans. Ihr Vater hat einen Betrieb für große landwirtschaftliche Maschinen, und eigentlich dachte sie, dass sie auch diesen Weg

Lisa Versteeg ist Automechanikerin und arbeitet seit drei Jahren bei De Dames van Hurkmans.

einschlagen würde. In der Berufsschule seien ihr aber Autos interessanter vorgekommen.

Schon dort habe sich der Unterschied in den Geschlechtern gezeigt. „In meiner Klasse waren drei Mädchen. Das war schon wirklich viel. Natürlich gab es auch einige Jungs, die gefragt haben: ‚Was will die denn hier?' Aber das waren nicht alle. Andere fanden es gut und waren neugierig, warum wir das machen."

Trotzdem musste sie in der Berufsschule auch sexuelle Belästigung erleben. „Die Jungs wollten sich anscheinend ein bisschen aufspielen. Ich war dabei, meinen Overall für die Arbeit anzuziehen, und habe mich dabei mit dem Oberkörper nach vorne gebeugt. Da kam ein Mitschüler von hinten ganz nah an mich heran. Das war mir sehr unangenehm", erinnert sie sich. Bei einem anderen Jungen hätte er das sicher nicht gemacht, glaubt sie.

15 Prozent Frauen in Technikberufen

Auch wenn die Frauen bei De Dames van Hurkmans in der Überzahl sind, sieht es landesweit deutlich anders aus: Nach Erhebungen des niederländischen Amtes für Statistik machten Frauen 2021 (drittes Quartal) in technischen Berufen einen verschwindend geringen Teil aus. Umgerechnet etwa acht von zehn Beschäftigten sind männlich. In konkreten Zahlen waren das 1.021 Männer und 181 Frauen, was rund 15 Prozent entspricht. Im Bereich Montage und Reparatur im Allgemeinen waren die Zahlen noch niedriger. Im vierten Quartal 2021 arbeiteten 155 Personen in der Kategorie Metallarbeiter*innen und Maschinenmontage, fünf davon weiblich. Im Bereich Elektromonteur*innen werden 93 Personen, aber nur vier Frauen aufgeführt.

Die Branchenorganisation Techniek Nederland hat sogar festgestellt, dass nur drei Prozent des technischen Fachpersonals weiblich sind. Die meisten Frauen, die in diesem Sektor arbeiteten, täten dies nämlich im Bereich Kommunikation und Administration. Dies bestätigen auch Zahlen des Instituts für Arbeitnehmerversicherung. Nach seinen Erhebungen lag die Anzahl von Automonteurinnen im Land von 2010 bis 2020 bei maximal zwei Prozent.

Wie wenig Frauen auch im Verkauf von Autos vertreten sind und welche Vorurteile es deswegen gibt, hat Janita Hurkmans erlebt. „Ich habe lange in Autohäusern im Verkauf gearbeitet. Wenn ich auf die Kunden zugegangen bin, war mir meist direkt klar: Die denken jetzt, dass ich frage, ob sie Kaffee möchten. In ihren Augen war ich immer die Kaffeedame." Sie habe das jedoch zu ihrem Vorteil genutzt: „Ich habe dann einfach mein Verkaufsgespräch angefangen, und die Stimmung hat sich schnell geändert. Sobald die Kunden nämlich gemerkt haben, dass ich weiß, wovon ich rede, war der Respekt fast größer als für meine männlichen Kollegen."

Sie weiß aber auch, dass es jungen Frauen in der Autobranche oft schwergemacht wird, überhaupt weit zu kommen. „Sie sitzen in der technischen Schule meist nur mit Jungen in der Klasse, und dann gibt es auch noch Lehrer, die sie nicht ernst nehmen", erklärt sie. Lisa Versteeg hat ähnliche Erfahrungen gemacht. „Am meisten hat es mich gestört, dass der gesamte Unterricht sprachlich auf die männliche Form ausgerichtet war. Auch in der Klassen-WhatsApp-Gruppe wurde alles immer mit ‚er' geschrieben. Selbst die Lehrer haben das so gemacht."

Bei Praktikumsverträgen und Arbeitsverträgen sei es nicht besser geworden. Auch da seien einzig männliche Formulierungen verwendet worden.

„Dabei macht es doch wirklich keine Mühe, da ein ‚sie' zu ergänzen", so Versteeg. Bei De Dames van Hurkmans wird deshalb in den Verträgen auf inklusive Formulierungen geachtet.

25 Prozent Frauen bis 2025

Damit das in Zukunft noch mehr Menschen und Unternehmen so sehen, muss an einigen Stellschrauben gedreht werden, weiß Marjorie Woudenberg. Sie kommt aus einer Techniker*innen-Familie, weshalb Technik schon immer eine große Rolle in ihrem Leben gespielt hat. Als ihr bewusst wurde, wie groß der Mangel an Frauen in dieser Branche ist, begann sie zu überlegen, wie sie positiven Einfluss darauf nehmen kann – und gründete die Plattform Techniekvrouwen.

Die umfasst derzeit mehr als 1.000 Frauen in technischen Berufen, von denen einige als Botschafterinnen auf der Webseite auftauchen, um als Rollenbilder und Inspirationen für Mädchen zu wirken. Sie werden in Podcasts und Online-Kurzprofilen vorgestellt. Doch das allein reiche nicht, erklärt Woudenberg, denn auch die Unternehmen selbst müssten sich verändern und zugänglicher für Frauen werden. „Wir helfen Technologieunternehmen

Bei Techniekvrouwen werden weibliche Vorbilder in Technikberufen gezeigt.

Immer mehr Unternehmen in den Niederlanden entdecken das Thema Frauenförderung.

bei ihrem Arbeitgeber*innen-Image, damit sie effektiver Frauen rekrutieren können", erklärt sie.

Darum sei es wichtig, beim Design der eigenen Webseite Frauen nicht auszuschließen – etwa mit Fotos, auf denen nur Männer zu sehen sind. Es müsse gezeigt werden, dass die Unternehmenskultur offen sei für Diversität und Inklusion. Aber auch konkrete Bedingungen von Stellenausschreibungen seien wichtig, so Woudenberg. „Es geht um kleine Dinge, die aber konsequent gezeigt werden müssen, beispielsweise Arbeitszeiten wie Teilzeit oder Vollzeit, Trainings und Aufstiegschancen, aber auch die Atmosphäre vor Ort ist wichtig."

Mit diesen kleinen, aber entscheidenden Veränderungen hofft Techniekvrouwen, es bis 2025 geschafft zu haben, dass 25 Prozent aller Arbeitnehmenden in der Technikbranche weiblich sind. Ein ambitioniertes Ziel, aber nicht unmöglich. Das zeigt De Dames van Hurkmans: Dort sind fast 65 Prozent Frauen.

Traumjob mit Männerüberschuss

Frauen in der Games-Branche

Von Sarah Schaefer, Berlin

Mehr als 34 Millionen Menschen in Deutschland spielen mindestens gelegentlich Computer- und Videospiele.

Sie zocken genauso gern Video- und Computerspiele wie Männer. Doch als Mitarbeiterinnen und Chefinnen sind Frauen in der Games-Industrie deutlich in der Unterzahl – und wenig sichtbar. Allmählich ist die Branche jedoch in Bewegung geraten, was nicht zuletzt die Körpermaße von Lara Croft beweisen.

Wer sich als fachfremder Mensch mit Rebecca Weiss über ihren Beruf unterhält, muss direkt mal eine Reihe von Wörtern nachschlagen. Routiniert spricht die Endzwanzigerin über Core Loops, Hidden Objects und Screenflows – es sind Begriffe aus der Arbeitswelt einer Game-Designerin. Bei der Entwicklung eines Computerspiels ist Rebecca Weiss mit ihren Kolleg*innen die Schöpferin des Spieluniversums. Sie erarbeitet das Regelwerk und die Möglichkeiten des Spiels und sorgt dafür, dass das Gaming-Erlebnis rundläuft.

„Ich habe schon als Kind Videospiele gespielt", sagt sie. „Mich hat es immer fasziniert, dass man einen Knopf drückt und dann auf dem Bildschirm etwas passiert." Ein Job im Games-Bereich sei für sie früh ein Traumberuf gewesen. Dass sie heute Game-Designerin ist, macht sie zur Ausnahme in einer Branche, in der noch immer deutlich mehr Männer arbeiten als Frauen.

Dabei ist das Verhältnis der Spieler*innen fast ausgeglichen: Rund sechs von zehn Menschen in Deutschland spielen nach Zahlen des Branchenverbands Game mindestens gelegentlich Computer- und Videospiele. Fast die Hälfte davon – 48 Prozent – sind Frauen.

Doch bei den Beschäftigten sieht die Sache ganz anders aus: Eine Umfrage der Hamburg Media School bei deutschen Games-Unternehmen ergab, dass im Jahr 2018 der Anteil der Mitarbeiterinnen bei lediglich 25 Prozent lag. Im Bereich der Developer, also der eigentlichen Entwicklung von Spielen, war er überwiegend sogar bei null. Das scheint den Firmen selbst nicht zu gefallen: Alle befragten Unternehmen wünschten sich mehr weibliche Kräfte, besonders im IT-Bereich, heißt es in der Umfrage. Im internationalen Vergleich steht Deutschland allerdings gar nicht mal schlecht dar. In Frankreich zum Beispiel verzeichneten die Unternehmen für 2018 nur 14 Prozent weibliche Beschäftigte.

Allein auf weiter Flur

Ihren Berufseinstieg machte Rebecca Weiss bei dem Spieleentwickler Wooga. Das Unternehmen mit Sitz in Berlin hat sich auf mobile Spiele spezialisiert, die eine Geschichte erzählen. Wooga legt nach eigenen Angaben großen Wert auf eine diverse Unternehmenskultur und ein ausgeglichenes Geschlechterverhältnis. Ein Großteil der Spieler*innen von Wooga-Produktionen ist weiblich.

Doch selbst hier machte Weiss die Erfahrung, allein auf weiter Flur zu sein: In ihrem 16-köpfigen Team, das ein neues Spiel entwickelte, war sie ein halbes Jahr lang die einzige Frau. Als schließlich eine Kollegin dazustieß, sei sie erleichtert gewesen. Denn sie habe durchaus einen gewissen Druck verspürt: „Ist es meine Aufgabe, hier zu zeigen, dass wir das genauso gut können? Ich bin mir sicher, dass meine Kollegen nicht so ticken, aber es ist schwer, das aus dem Hinterkopf zu kriegen."

Von ihren Kollegen habe sie sich immer respektvoll behandelt gefühlt. Doch so gehe es nicht allen Frauen in der Branche, sagt Weiss. Kolleginnen hätten ihr regelrechte Horrorgeschichten von früheren Arbeitsstellen erzählt. Die Frauen hätten blöde Sprüche und unangenehme Anmachen ertragen müssen, mitunter auch von Vorgesetzten.

Weiss selbst erlebte an der Uni, dass manche Männer sie und ihre Ausbildung nicht ernst nahmen. Als „Mädcheninformatik" hätten einige Kommilitonen und sogar Dozenten ihr Studienfach Medieninformatik abgetan. Zum Glück habe es eine Dozentin gegeben, die allen eine klare Ansage machte, die das Fach lächerlich zu machen versuchten.

Ein Beispiel, das zeigt, wie wichtig weibliche Vorbilder für Frauen sind. Aber dafür müssen sie auch sichtbar sein – in Weiss' Berufsfeld sieht es damit noch schlecht aus, wie allein der deutschsprachige Wikipedia-Eintrag zu Game-Design zeigt: Insgesamt 28 „namhafte Game-Designer" sind im Oktober 2022 dort aufgelistet – unter ihnen ist nur eine einzige Frau, die US-Amerikanerin Roberta Williams.

Hotpants und Wespentaille

Der geringe Anteil von Frauen an der Entwicklung hat auch Folgen für die Spiele: In einer Studie des IT-Branchenverbands Bitkom gaben 70 Prozent der Gamerinnen an, dass sie die Darstellung von Frauen in den Spielen

„mitunter sexistisch“ finden. Über 60 Prozent der Männer waren gleicher Meinung. Andererseits gibt es da Lara Croft, die Protagonistin von „Tomb Raider“.

Als das legendäre Spiel im Jahr 1996 an den Start ging, entsprach Croft einem Barbie-Stereotyp: volle Lippen, Wespentaille, Hotpants und ein überdimensionierter Busen. Die heutige Croft trägt lange Hosen und besitzt eine unauffällige Oberweite. Die äußere Entwicklung dieser Figur gilt vielen als Beleg dafür, dass sexistische Darstellungen von weiblichen Spielecharakteren überholt sind.

Eine Erklärung für den Männerüberschuss ist laut Branchenexpert*innen, dass die Games-Produktion lange vor allem technisch geprägt war. Und technische Berufe sind bei Frauen nach wie vor deutlich weniger beliebt als bei Männern, wie der Blick auf den MINT-Bereich zeigt: Nach Angaben der Agentur für Arbeit lag der Frauenanteil der Beschäftigten in MINT-Berufen im Jahr 2021 bei lediglich 17 Prozent.

Doch schon längst sind es nicht mehr nur IT-Profis, die der Branche ihren Stempel aufdrücken. Der Markt habe sich gewandelt, sagt Felix Falk, Geschäftsführer des Branchenverbands Game. In den vergangenen Jahren habe besonders der Trend zu mobilen Spielen für Smartphone und Tablet dazu geführt, dass große Teile der Gesellschaft sich für Games begeisterten.

Dadurch habe sich auch die Herangehensweise an die Formate verändert. „Bei der Entwicklung neuer Spiele müssen künstlerische, technologische oder wirtschaftliche Aspekte beachtet werden. Da braucht es die Kompetenzen von unterschiedlichen Fachleuten“, so Falk. Ausbildungen in den Bereichen Game-Producing, Grafikdesign, Storytelling oder Marketing seien heute ein üblicher Weg in die Branche – und bei Frauen ebenso beliebt wie bei Männern.

Fast die Hälfte der Spieler*innen sind Frauen.

Verband wirbt für Vielfalt

Der Verband setzt stark auf Diversität – nicht nur in Bezug auf Frauen: Auf der Webseite gibt es einen Best Practice Guide Diversity, der unter anderem Tipps für diskriminierungssensible Stellenausschreibungen gibt. Dabei geht es auch um wirtschaftliche Interessen. „Diverse Teams sind kreativer, innovativer und bringen unterschiedliches Vorwissen ein", sagt Falk.

Und es gibt einen weiteren Grund: Die Branche ist geplagt von Fachkräftemangel. Sie kann es sich nicht leisten, zukünftige Talente abzuschrecken, weil sie sich ausgeschlossen fühlen. Viele Studios seien aktiv auf der Suche nach Frauen für ihre Teams, so Falk. Daher geht er davon aus, dass in Zukunft immer mehr Frauen zu den Beschäftigten zählen werden.

Weniger optimistisch klingt da Petra Fröhlich, Gründerin und Chefredakteurin des Branchenmagazins GamesWirtschaft, in Bezug auf die Führungsebene in der Branche: „Zwischen Anspruch und Wirklichkeit klafft weiterhin eine Lücke von Marianengraben-Ausmaßen. Die Toppositionen bei allen größeren Unternehmen wurden und werden mit Männern besetzt. Und den wenigen Frauen, die es in verantwortliche Funktionen schaffen, fehlt schlichtweg Sichtbarkeit", schreibt Fröhlich in einem Meinungsbeitrag.

Auch Ruth Lemmen weiß, wie wichtig es ist, dass Frauen sichtbarer werden. Die Beraterin und Projektmanagerin hat jahrelang in der Games-Industrie gearbeitet und war zuständig für die Organisation der Gamescom in Köln, die als weltweit wichtigste Messe für Computer- und Videospiele gilt. Sie ist Mitgründerin von Womenize!, einer Konferenz für Frauen und „unterrepräsentierte Menschen" in der Branche.

Antrieb für die Gründung seien eigene Erlebnisse gewesen, sagt Lemmen: „Ich habe immer wieder die Erfahrung gemacht, auf Veranstaltungen und bei Sitzungen eine von nur sehr wenigen Frauen zu sein. Das fühlte sich nicht richtig an." Seitdem, sagt sie, habe sich jedoch einiges getan. Das Bewusstsein dafür, Frauen stärker einzubeziehen, sei „mehr und mehr da".

Immer wieder sexistische Kommentare

Bei Womenize! gehe es darum, eine Atmosphäre zu schaffen, in der Frauen sich austauschen und über ihre Arbeit sprechen könnten – auch auf der Bühne, so Lemmen. Dann sagt sie einen Satz, der nicht nur zur Games-Branche passt: „Wenn wir Frauen ansprechen und fragen, ob sie Speakerin sein möchten, hören wir ganz oft: ‚Wieso denn ich? Ich habe doch nichts zu sagen.'"

Sexismus und ein geringer Frauenanteil seien Probleme, die auch andere Branchen beträfen, betont Lemmen. Doch es gebe eine Besonderheit in der Games-Industrie: „Diese Branche ist sehr digital. Wer heute in diesem Bereich arbeitet, ist sehr viel exponierter, als ich es jemals war. Da braucht man ein richtig dickes Fell." Sie meint damit auch den E-Sport, in dem Gamer*innen in Computerspielen Wettkämpfe austragen.

Immer wieder gibt es Berichte darüber, dass die wenigen Frauen, die als Profis im E-Sport mitmischen, bei Spielen sexistischen Kommentaren ausgesetzt sind. Felix Falk vom Verband Game hingegen betont, dass die Community sich „lautstark und deutlich" zu Wort melde, wenn beim E-Sport Grenzen überschritten würden. Man dürfe die „schwarzen Schafe" nicht mit der Mehrheit verwechseln.

Die Game-Designerin Rebecca Weiss hat noch eine andere Erklärung für die mangelnde Sichtbarkeit von Frauen in ihrer Branche: „Ich glaube, ein großes Problem in der Spieleindustrie ist, dass man zwischen ‚echten' Videospielen unterscheidet und Spielen, die eigentlich keine richtigen Videospiele sind", sagt sie. Diese „echten" Spiele seien große Blockbuster wie „Call of Duty" und „Doom", die in der Regel so vermarktet würden, dass sie bei Männern gut ankämen – obwohl diese Spiele auch viele weibliche Fans hätten. Diese Unterscheidung führe gleichzeitig dazu, dass sich die meisten Frauen, die auf ihrem Smartphone gewöhnliche Spiele wie „Quizduell" als Zeitvertreib nutzten, nicht als Gamerinnen bezeichneten.

Die Protagonisten der branchenprägenden Spiele seien häufig noch immer die „muskulösen Kerle", die eine „Heldenfantasie" lebten, sagt Weiss. Zwar gebe es auch bemerkenswerte weibliche Charaktere wie etwa Elizabeth aus „Bioshock Infinite", in Weiss' Augen die wichtigste Figur des Spiels. Auf das Cover von „Bioshock Infinite" hat es Elizabeth allerdings nicht geschafft. Darauf zu sehen ist der männliche Spielcharakter, mit Gewehr auf der Schulter.

Fazit

Wir hoffen, dass Sie unsere ausgewählten 25 Geschichten mit Gewinn gelesen haben. Dass Sie Neues erfahren haben und dass Sie an der einen oder anderen Stelle vielleicht auch geschmunzelt haben. Wir hätten viele andere unserer Artikel ebenfalls in dieses Buch aufnehmen können. Deshalb würden wir uns freuen, wenn Sie Lust bekommen haben, unsere Geschichten regelmäßig zu lesen.

Seit 2015 veröffentlichen wir auf unserer Webseite jeden Mittwoch ein neues Porträt, Interview oder eine Reportage mit einer oder mehreren inspirierenden Frauen aus der ganzen Welt. Die Geschichten sind kostenfrei zugänglich, weil wir niemanden ausschließen wollen. Wir wollen möglichst viele Menschen mit unseren Artikeln erreichen und zum Nachdenken anregen.

Falls Sie auf dem Laufenden bleiben möchten, abonnieren Sie unseren Newsletter, hören Sie unseren Podcast auf Spotify oder werden Sie Steady-Unterstützer*in. Damit bekommen Sie unsere Geschichten exklusiv als Sonntagslektüre vorab per E-Mail zugeschickt. Auf unserer Webseite *www.deine-korrespondentin.de* finden Sie dazu alle Informationen unter dem Button „Unterstützen".

Die Vision von DEINE KORRESPONDENTIN ist, dass es uns irgendwann nicht mehr braucht, weil die Medien in Deutschland gleichberechtigt über Männer und Frauen berichten. So weit sind wir allerdings noch nicht. Eine interne Untersuchung des Nachrichtenmagazins Der Spiegel hat im vergangenen Jahr ergeben, dass Frauen zwischen März 2020 und Februar 2021 rund 28.000-mal in Spiegel-Artikeln erwähnt wurden, Männer 107.000-mal. Das heißt, Männer kamen knapp viermal öfter vor.

Ob sich das Verhältnis inzwischen merklich verändert hat, ist nicht bekannt. Klar ist nur, dass a) schon viel erreicht worden ist in den vergangenen 100 Jahren, was die Gleichberechtigung angeht, und b) noch einiges zu tun ist. Die Geschichten über Frauen, die die Welt verändern, gehen uns jedenfalls bis auf Weiteres nicht aus.

Kurzporträts der Korrespondentinnen

Sophia Boddenberg berichtet als freie Journalistin für Radio, Online und Print aus Chile und beschäftigt sich mit Themen rund um Frauenrechte und soziale und politische Bewegungen auf dem lateinamerikanischen Kontinent. Sie hat Journalistik studiert und ein Masterstudium in Sozial- und Politikwissenschaften Lateinamerikas in Santiago de Chile absolviert. Mehr unter: *sophiaboddenberg.com*

Eva Casper berichtet als freie Korrespondentin aus Japan. Nach ihrem Studium der Kunst- und Medienwissenschaft hat sie die Deutsche Journalistenschule besucht und für die Süddeutsche Zeitung und den Bayerischen Rundfunk gearbeitet. Seit 2019 lebt sie in Kyoto und beschäftigt sich vor allem mit Gesellschaftsthemen, Politik und Gleichberechtigung.

Helen Hecker berichtet als freie Redakteurin und Fotografin für Online, Print und TV. Sie ist unsere Community-Managerin und kümmert sich darüber hinaus um unseren Instagram-Kanal. Nach ihrem Studium zur Sprach- und Politikwissenschaftlerin in Bamberg zog es sie 2008 nach Sizilien. Dort war sie lange Zeit für die nationale Dokumentarfilm-Akademie tätig und spezialisierte sich als Auslandskorrespondentin auf Italien. Mehr unter: *www.helenhecker.de*

Anne Herrberg ist als Reporterin in Südamerika unterwegs. 2015 und 2016 hat sie als Juniorkorrespondentin für den ARD-Hörfunk über den Friedensprozess in Kolumbien oder die Olympischen Spiele in Rio de Janeiro berichtet. Nun unterstützt sie das ARD-Studio in Buenos Aires weiterhin regelmäßig. Schwerpunkt: Geschichten über die vielen faszinierenden und mutigen Frauen Südamerikas.

Katrin Eigendorf ist ZDF-Korrespondentin und berichtet seit 2018 immer wieder über Kriege und Krisen, unter anderem aus Afghanistan und aktuell aus der Ukraine. Sie volontierte beim WDR in Köln, arbeitete für die ARD und RTL. Seit 1999 ist sie für das ZDF als Reporterin und Korrespondentin tätig. Zuletzt erschien ihr Buch „Putins Krieg“. Ihr Verlag schreibt: „Noch nie war es Katrin Eigendorf wichtiger, vor Ort zu sein und zu zeigen, worum es in der Ukraine wirklich geht: um den Kampf eines Volkes für Freiheit und Demokratie – auch in Europa.“

Mareike Enghusen berichtet als freie Auslandsreporterin über Politik, Wirtschaft und Gesellschaft im Nahen Osten, vor allem aus Israel, Jordanien und den palästinensischen Gebieten. Mehr unter:
www.mareike-enghusen.de

Katja Fischborn lebt und arbeitet nicht in der Ferne, sondern in Köln. Bis 2017 war sie als Redakteurin bei der Heimwerker- und Do-it-yourself-Zeitschrift selbst ist der Mann angestellt, aktuell ist sie für ein DIY-Onlinemagazin tätig. Für uns ist sie hauptsächlich als Lektorin im Einsatz, bevor die Texte aus aller Welt online zu lesen sind. Doch wenn es die Zeit erlaubt, sucht sie auch selbst nach interessanten Geschichten von, mit und über Frauen in Deutschland und schreibt sie auf.

Mareike Graepel lebt in Haltern und Irland. Sie ist unser Head of Partnerships und kümmert sich um Kooperationen mit (Medien-)Partner*innen. Sie schreibt seit ihrer Jugend für lokale, regionale und überregionale Tageszeitungen und Magazine – zunächst als freie Mitarbeiterin, dann als Redakteurin und seit 2017 selbstständig als Journalistin und Übersetzerin. Ihre Themen drehen sich meist um Gesellschaft, Umwelt, Familie, Gesundheit und Kultur.

Lea Gölnitz arbeitete für das entwicklungspolitische Nachrichtenportal Entwicklungspolitik Online und befasst sich vor allem mit Gender- und Frauenrechtsthemen. Nachdem sie 2012 in Indien bei einer Frauenrechtsorganisation gearbeitet hatte, ist sie immer wieder dorthin gereist und lebte 2015 bis 2018 in Neu-Delhi. Anschließend war sie Projektleiterin für die Friedrich-Ebert-Stiftung in Singapur. Seit zwei Jahren führt sie das Büro der Heinrich-Böll-Stiftung in Bangkok.

Anne Klesse ist freie Journalistin. Nach dem Studium der Wirtschafts- und Sozialwissenschaften volontierte sie an der Axel-Springer-Journalistenschule und war Redakteurin der Welt, Welt am Sonntag und Berliner Morgenpost in Berlin. Dort schrieb sie insbesondere Porträts und Reportagen. Ihre Arbeit wurde mehrfach ausgezeichnet, unter anderem mit dem Wächterpreis der deutschen Tagespresse.
Mehr unter: *www.anneklesse.de*

Carolin Küter lebt seit 2014 im französischen Lyon. Als freie Nachrichtenredakteurin beim TV-Sender Euronews berichtete sie bis vor Kurzem über internationale Politik. Als Autorin hat sie vor allem für den Weser Kurier aus Bremen gearbeitet. In ihren Reportagen, Interviews und Analysen berichtet sie, abseits der Hauptstadt Paris, über Themen aus Politik, Gesellschaft und Kultur.

Christine Memminger bezeichnet sich selbst als Münchner Kindl mit spanischen Gewohnheiten. Derzeit lebt sie in Barcelona und arbeitet dort als freie Journalistin für Radio, Online und Print. Sie hat in Eichstätt Journalistik und in Barcelona Europäische Integration studiert, beim Bayerischen Rundfunk volontiert und hat stets großes Interesse an gesellschaftspolitischen Themen. Mehr unter: *fraubarcelona.wordpress.com*

Julia Neumann berichtet als freie Korrespondentin aus dem Libanon. Sie beschäftigt sich mit den Kulturen und Gesellschaften Westasiens und Nordafrikas und recherchiert vor allem zu Genderthemen, Migration und Fragen der sozialen Gerechtigkeit. Sie hat Journalistik in Dortmund, Internationale Politik in Ifrane (Marokko), Soziologie und Geschichte des Vorderen Orients in Erfurt und Beirut studiert. Mehr unter: *www.neumannjulia.de*

Marinela Potor arbeitet als freie Redakteurin für Online, Print und Radio. Ihre Themenschwerpunkte sind Wissenschaft, Green Tech und der digitale Wandel. Von 2017 bis 2021 war sie Chefredakteurin von Mobility Mag. Aktuell lebt sie in Deutschland und den USA und berichtet von dort vor allem über gesellschaftliche und technologische Trends.

Carina Rother ist freie Journalistin und Übersetzerin. Wenn sie nicht gerade für deutsche Radiosender schreibt, arbeitet sie an eigenen Dokumentarfilmprojekten und beschäftigt sich mit Erinnerungspolitik, Demokratiegeschichte, Arbeitsmigration, globalen Lieferketten und Militärstrategie in Asien. Die gebürtige Regensburgerin hat Taiwan 2016 zu ihrer Wahlheimat gemacht, nach einem Studium der Sinologie und Geschlechterforschung.

Sarah Schaefer schreibt unter anderem für den Tagesspiegel und die Prenzlauer Berg Nachrichten über Lokales, Wirtschaft und Gesellschaft. Sie hat in Siegen, Aarhus und Berlin Sozial- und Medienwissenschaften studiert und beim Nordkurier in Mecklenburg-Vorpommern volontiert. Für uns berichtet sie vor allem aus Berlin – dort ist ja bekanntlich die ganze Welt zu Hause. Mehr unter: *www.torial.com/sarah.schaefer*

Sarah Tekath kommt ursprünglich aus dem Ruhrgebiet, lebte zwei Jahre in Prag und schrieb dort als Freie für die Prager Zeitung und das Landesecho. Im Jahr 2014 zog sie nach Amsterdam, wo sie unter anderem für das journalistische Start-up Blendle arbeitete. Seit 2016 ist sie selbstständige Journalistin und kümmert sich, gemeinsam mit Helen Hecker und Carolin Küter, um unseren Instagram-Kanal.

Eva Tempelmann hat 2014 bis 2020 mit ihrer Familie in Peru gelebt und dort als freie Journalistin, Übersetzerin und Lektorin gearbeitet. In ihren Reportagen, Interviews und Analysen berichtet sie über Umweltkonflikte in Peru, Menschenrechte und soziale Bewegungen. Sie ist Co-Autorin der Reiseführer „Peru & Westbolivien" (Stefan Loose, 2018) und „Peru & Bolivien" (Marco Polo, 2020). Mehr unter: *www.evatempelmann.com*

Pauline Tillmann ist Gründerin und Chefredakteurin von DEINE KORRESPONDENTIN. 2011 bis 2015 war sie freie Auslandskorrespondentin in St. Petersburg und berichtete für den ARD-Hörfunk über Russland und die Ukraine. Zuvor volontierte sie beim Bayerischen Rundfunk. Zuletzt hat sie im CORRECTIV-Verlag „Lust auf Lokal – das Handbuch für Community-Journalismus" herausgebracht (März 2022). Mehr unter: *www.pauline-tillmann.de*

Abbildungsverzeichnis

DEINE KORRESPONDENTIN

DEINE KORRESPONDENTIN ist ein digitales Magazin, das 2015 mit dem Ziel gegründet wurde, **Geschichten von inspirierenden Frauen aus der ganzen Welt** zu erzählen. Warum? In deutschen Medien wird viermal mehr über Männer berichtet als über Frauen. Kaum zeitgemäß, oder? Wir wollen das mit unseren Geschichten ändern und Frauen sichtbarer machen.

Julia Neumann (links) berichtet aus Beirut (Libanon) als Korrespondentin für deutsche Medien.

Hinter dem Magazin steckt ein Kern freier **Auslandskorrespondentinnen** sowie **Gastautorinnen und ehemalige Korrespondentinnen**, die aus Ländern wie Kolumbien, Afghanistan, Irland und Italien berichten.

Wir sind zwar ein digitales Magazin, aber unsere Geschichten sind nicht flüchtig. Sie sind zeitlos und gewähren Einblick in Welten, die den meisten von uns verborgen bleiben. Habt ihr Lust bekommen mehr zu lesen?

Dann besucht und folgt uns auf:
WWW.DEINE-KORRESPONDENTIN.DE

@deinekorrespondentin
@deine_korri

Wie können Sie uns unterstützen?

Ohne den Support unserer Leser*innen wäre es nicht möglich unsere Arbeit umzusetzen. Zum einen werden unsere Geschichten sichtbarer, desto mehr Menschen sie lesen, zum anderen finanzieren wir uns seit 2017 zum größten Teil über die Beiträge unserer Community auf der Mitglieder-Plattform Steady. Denn wir haben keinen Mäzenen im Hintergrund, sind unabhängig von Verlagen oder Werbepartnern und erhalten keine Förderungen von Stiftungen.

Bereits mit **4 Euro** monatlich ist es möglich einen individuellen Beitrag zu leisten, der unabhängigen Journalismus wachsen lässt.

Mehr Infos findest du unter:

www.steadyhq.com/deine-korrespondentin

Zudem freuen wir uns als Medien-Startup über jede große und kleine Spende.
DEINE KORRESPONDENTIN
DE27 6145 0050 1000 898 170
BIC: OASPDE6AXXX
Kreissparkasse Ostalb

2022 hat das jährliche Korrespondentinnen-Treffen in Konstanz stattgefunden. Gründerin Pauline Tillmann (r. u.) hat zum Treffen in ihre neue Wahlheimat eingeladen.

CORRECTIV
Bücher für die
Gesellschaft